BEL
新書
6

〔決定版〕クリスチャン生活の土台

東京聖書学院教授引退講演「人格の形成と教会の形成」つき

齋藤孝志〔著〕

YOBEL,Inc.

決定版　クリスチャン生活の土台　目次

「再版」によせて

車田秋次

著者が日頃、壇上で素晴らしい活動を続けておられるかたわら『クリスチャン生活の土台』を出版、かつ再版さるるに至ったことは何と慶賀すべきことでしょう。私は只今も拝読しておりながら、同時にそれが耳にも響いて来るかの如きインスピレーションを受ける心地いたします。という訳は、著者が平素、用意周到本書に於て言わんとしておったことを、如何に懇ろに熟慮しておられたかを想像することが出来て、衷心から感謝してやみません。聖書の構造と本質など、実に重要な問題が取り上げられておることは、その結果と言わざるを得ません。と言うのも、著者が今日、東京聖書学院の教授であられ、この種の要望に充分に応え得る素質を身につけておられたことが、いよいよ明らかに具現されたものに外ならず。私はここで本書が再版されることにより、いよいよ前述の如き感化が一段と拡大かつ、強化されんことを願ってやみません。

神が『クリスチャン生活の土台』の再版をいよいよ豊かに祝福し給うことを祈りつつ、右一言いたしました。

一九七八年六月五日

（日本ホーリネス教団名誉総理、東京聖書学院名誉院長　再版発行時の肩書き）

「献堂記念出版」によせて

尾花　晃

厚木伝道所が念願の素晴らしい教会堂と牧師館を建設し、四月二三日栄ある献堂式を挙行する運びとなった。開設以来ただただ伝道所の中を歩み続けてこられた恩寵深い神さまに心からの賛美をささげると共に、齋藤孝志牧師、土屋忠亮定住伝道師をはじめ、役員と教会員の御労苦に感謝しながら祝意を表して止まない。

この時「献堂記念誌」が発行される、真に時機に適した嬉しい企てと思う。特にその内容は齋藤師が日頃、聖日礼拝でメッセージされた「クリスチャン生活の五原則」を中心とされたものである。⑴聖書通読。⑵祈りについて。⑶礼拝のあり方。⑷献身と献金。⑸証し――言葉と生活を通して。以上の項目を一般クリスチャンがよく理解できるように、しかも順序だてて書かれてある。

教会堂が完成した、さあこれから懸命に伝道しよう、教会形成に取り組もう、と全員ご一同が張り切っている姿が目に浮かぶような気がする。

教会存在の目的が福音宣教であり、これがまた教会形成につながることを考えると、私共同じ心で、厚木伝道所の将来に大いに期待しながら祈り続けたく願っている。

しかし一面、自らと教会を直視すると、教会形成は教会の組織員である会員の、クリスチャン一人一人の霊的・知的成長に比例することは間違いない。その意味で齋藤牧師が書かれた、「クリスチャン生活の五原則」は、クリスチャン生活において、絶えず実行されなければならない要点を余すところなく書いてある。

聖書を読まないクリスチャン、祈らないクリスチャン、献身と献金をわきまえないクリスチャン、証しのできないクリスチャンは、真のクリスチャンとは言えないからである。

私は「クリスチャン生活の五原則」が、厚木伝道所の会員だけでなく、多くのクリスチャンに読んでほしいと願っている。

（東京聖書学院院長、横浜ホーリネス教会牧師　初版発行時の肩書き）

魂をゆり動かす説教

梶山祥子

一九七七年、斉藤孝志先生は、厚木伝道所に着任されると同時に「クリスチャン生活の五原則」という主題で、五回連続説教をされました。それは、わたしたち少数の厚木の信徒にとって、大変時宣にかなったものでありました。信徒ひとりひとりの信仰歴は、十八年、十五年、十年、あるいは三年、一年とちがってはおりますが、長い信仰生活をもつ者にとっては、これまでに得てきた聖書知識の、さらに深い学びによる理解と、伝道所開設以来、ある時はおのれを打ちたたいて、主に従う道を歩んできた体験を通して、体得してきたものの確認となりました。また、短かい信仰生活をもつ者にとっては、文字通りこれからはじまるクリスチャン生活の土台となったからです。そして何よりも、斉藤先生の聖書の解き明かしにより、今まで表面的にしか理解していなかったみことばのひとつひとつが、新しい意味をもってあらわれ出て来て、わたしたちの魂をゆり動かし、ある時は、悔い改めを迫まられ、またあるときは祈りに導かれ、常に心は歓喜に溢れました。

聖書を学ぶこと、聖書の解き明かしを聞くこと、これにまさる喜びはありません。みことばを聴くとき、いつも新しい生命と、喜びが与えられます。それを、日曜日ごとに、感謝をもって溢れるばか

りに受け取ることのできた私たちは、何と幸いな者でしょう。心に刻みこむのみでなく、形にのこしたいと、懸命にノートをとりました。

この度、献堂記念出版として、この六つの説教が、一冊の書物になったことは、本当に嬉しいことです。私たちは、信徒としての生活の、五つの原則を十分に知り、実践してゆくとき・そこに一層大きなめぐみと祝福のあることを知っています。

多くの人々が、この書物を通して、神が私たちに約束し給うそのめぐみと祝福を、豊かに受けることができますようにと、心から祈って止みません。

（神奈川県子供医療センター教育婦長・日曜学校校長　初版発行時の肩書き）

聖書通読（ルカによる福音書二四章25〜32節）

こう言って、モーセやすべての預言者からはじめて、聖書全体にわたり、ご自身についてしるしてある事どもを、説きあかされた。……彼らは互に言った、「道々お話しになったとき、お互の心が内に燃えたではないか」。（27、32節）

今日からクリスチャン生活の五大原則（①聖書通読、②祈り、③礼拝、④献身（献金を含む）、⑤―a証し：行いによる証し・生活、⑤―b証し：口による証し・伝道）について、メッセージを連続的にさせていただきたいと願っています。

今さら基礎的な五つの原則でもあるまい、とある方はお考えになるかも知れませんが、しかしながら私たちのクリスチャン生涯にとりまして、最も大切なことは何かと申しますならば、それは私たちのクリスチャン生活の基礎であります。基礎がしっかりしているならば、その上に立つところの建物は小さな地震ぐらいでは、びくともしないのであります。基礎こそは、建物の中で一番大切な部分で

あります。

私はさまざまなスポーツをさせていただきました。スポーツにおいて、大切なことは基本技を身につけることであります。私は野球をやっておりましたが、球の取り方にいたしましてもかっこうのよい取り方をしようと思いまして、片手でパッとやりますと、トンネルをするんですね。キチンと腰をおろして、両手をちゃんと組んで、ガッチリとボールを取る。基本ですね大切なのは。人生のあらゆる分野において何をするに致しましても、基本が最も重要であります。そこでですね。厚木伝道所（現・日本ホーリネス教団 厚木教会）に、この四月に任命を受けまして、まずこの厚木伝道所の土台であるところの皆さんに、クリスチャン生活の五つの原則について、みっちりとメッセージをさせていただきたいと願っているのであります。

その五つの原則とは、一体何か。

第一は聖書通読ということであります。

第二は祈り、

第三は礼拝、

第四は献身、それに伴う献金であります。

第五は証しであります。証しも口による証しと行いによる証しの二つに分けることができます。具体的には、伝道と倫理ということであります。

この五つのことについて、聖日ごとに一つの主題を取りあげまして、連続的なメッセージをさせていただきたいものと願っています。

まず第一に、聖書通読ということからメッセージをしたいと思います。

日本の総人口、一億二二〇〇万人のうち、クリスチャンの数は、ほんのわずかで、1％にも満たない、カトリックを含めまして、一〇〇万人前後であると言われています。礼拝を厳格に守っている真面目なクリスチャンの数というのは、その十分の一ぐらいではないかと言われているのであります。この日本の国においてですね、聖書が国民一人一人の良心になるまで、私たちはこの聖書を人々に紹介したいと願っています。この二千年の間、世界の歴史を導き、ある場合にはぬり変えて参りました。世界の文学、教育、建築、経済、芸術、美術、音楽、その他ありとあらゆるものに偉大な影響力を与えて参りました聖書であります。この聖書を日本の国民一人一人が毎日読んで、国民の良心が形造られていく。その結果、日本の政治、経済、教育、混沌としております、これらのあらゆる分野に、聖書が偉大な影響を与えることができる。霊的な、道徳的な教育は聖書によって教会でなされる。ゆりかごから墓場まで、精神的、そしてまた道徳的な教育はまかせておけ、と言える程に教会を全日本の町々、村々に建設したいというのは、私のビジョンであります。そしてその教会において、この聖書を小さな子供からお年寄りにいたるまで、かみくだいて、わかりやすく、具体的に教えていく、そのことが

必要ではないでしょうか。その意味においても、私は開拓伝道を私の使命としているのであります。開拓途上にあります厚木伝道所に遣わされましたことは、私の大きな喜びとし、また光栄としているものであります。この教会が厚木市（人口二二万人、二〇一〇年現在二二五、〇〇〇人余）の灯台として光り輝くまで、私は頑張りたいと願っています。教会の土台は、聖書通読であります。第一に聖書の本質、第二に聖書の構造、第三に聖書の読み方について申し上げます。

聖書の本質

聖書とは一体、何でありましょうか。それぞれ、人々の立場に従って、聖書の受け取り方は違うと思うのであります。ある人は、聖書とは単なる歴史的文献に過ぎないと言うでありましょう。新約聖書というのは、原始初代教会の歴史的文献にすぎないと言うでありましょう。聖書というのは、確かに歴史の書として、古典の書として読んでも非常に興味があるのであります。ある方は聖書は教養の書であると言います。確かにそうでしょう。ある人にとっては、聖書は単なる道徳の書でありましょう。モーセの十戒を始めとして、山上の垂訓等、世界最高の道徳が聖書の中には記されています。道徳の書として読んでも、聖書は実に価値があります。聖書はまた、哲学の書でもあります。特に旧約のヨブ記などを見てまいりますと、これを哲学の書として読んでも最高の水準をゆくでありましょう。「義

人はなぜ苦しまなければならないのか」というような知的な、哲学的な疑問に対して、ヨブ記の著者はあますところなく答えているのであります。

聖書は文学の書でもあります。確かに詩篇などは、すばらしい文学的な価値と興味を私たちに与えますね。ルツ記は短編小説の模範であると言われています。サムエル記前・後書は、心理小説といたしましても、恐らく傑作中の傑作でありましょう。また箴言などを読んで見ますと、格言の好きな日本人にはピーンとくるような格言で満ちています。聖書はまた、預言書であります。大預言書、小預言書、ヨハネ黙示録などは、未来に関する預言に満ちているのであります。聖書は律法の書であるということもできるのであります。

けれども皆さん、聖書の本質は何でしょうか。

単なる文学、哲学、道徳、歴史の書でありましょうか。確かにそのような内容を聖書は持っています。けれども聖書の本当の本質は、皆さん、単なる人間が書き記したすぐれた書物であるということにあるのではありません。これは、四十数名の著者が、およそ千年にわたって、さまざまな場所において、時において書き記しました神の言《ことば》であります。神が、四十数名の著者に霊感を与えられまして、神の言として書き記させたものが聖書であります。「聖書は、すべて神の霊感を受けて書かれたものであって、人を教え、戒め、正しくし、義に導くのに有益である」（Ⅱテモテ三・16）。聖書というのは、

厳密には、ここでは旧約聖書を指していますが、聖書66巻全部にあてはめてもよいと思います。神の霊感というものは、これは〈神のいぶき〉という意味だそうです。神のいぶきが吹きかけられて、書かれたということです。もう一か所、よく引かれる御言葉はペテロ第二の手紙一章20〜21節であります。「聖書の預言はすべて、自分勝手に解釈すべきでないことを、まず第一に知るべきである」(20)。預言という言葉は、聖書、あるいは神の言という言葉に置き換えたらよいと思うのであります。「なぜなら、預言は決して人間の意志から出たものではなく、人々が聖霊に感じ、神によって語ったものだからである」(21)。確かに聖書は人間の言葉で書かれております。旧約聖書はヘブル語とアラム語、新約聖書はギリシア語で書かれております。しかし、だからその起源が人間にあるのではない、神ご自身にあるということを明らかにしているのであります。ですから聖書は、人間の言葉によって書き記されたところの神の言であると言えるかと思います。

さらにヨハネによる福音書五章39節、旧約聖書とは何かということをイエスが、パリサイ人たちに教えられたところであります。「あなたがたは、聖書の中に永遠の命があると思って調べているが、この聖書は、わたしについてあかしをするものである」。旧約聖書には、イエス・キリストのイの字も出てこないけれども、旧約39巻全巻は、私についてあかしをしているというのであります。旧・新約聖書の主題は何か、それはイエス・キリストであります。聖書を読んでイエス・キリストを見い出すことができないとするならば、それは聖書を読んだことにはならない。イエス・キリストこそ聖書

の主題であり、また最も重要な人物なのであります。聖書66巻が、それぞれ個性的な形で、キリストを証ししているわけであります。

聖書の構造

第二に聖書の構造について簡単に述べます。聖書は、ご承知のように新約と旧約に分かれております。新約というのは、後半部でありまして、全体の四分の一ぐらいの量でございます。四分の三ぐらいは旧約聖書であります。私は、始めて教会に行きたての頃は、旧約というのは古い訳の聖書、新約というのは新しい訳の聖書と理解いたしまして、では訳の新しい方を読もうと思いまして、新約聖書ばかり読んでおりました。ところが、この約というのは、そういう意味ではないということを後程知ったのですね。約というのは、契約の約でありまして、旧約というのは神とイスラエル民族との間に結ばれた古い契約という意味であります。「私はあなたの神となる、あなたは私の民となりなさい」。これが契約の内容の要点です。その中心はモーセの十戒であり、十戒は契約の内容をより具体的に規定したものであります。新約とは、新しい契約の意味です。古い契約はモーセの十戒を中心としていますす。しかもそれは石の板（出エジプト記二四・12）に記されました。新しい契約は私たちの心の板（IIコリント三・3「あなたがたは自分自身が、わたしたちから送られたキリストの手紙であって、墨によらず生ける神

の霊によって書かれ、石の板にではなく人の心の板に書かれたものである……」）に記されました。モーセによってではなく、イエス・キリストによってであります。シナイ山においてでなく、カルバリの山において流されたイエスの十字架の血によって、はじめて私たちは神の民となることができるのです。また神は私たちの神となり得るという新しい契約がなされたのであります。それでは、旧い契約を記している旧約聖書の内容というのはどういうものか。それを理解するために手がかりとなるものは何かと申しますと、それは聖書の構造であります。

（写真・The Giving of the Law Upon Mt.Sinai, Paul Gustave Doré, 1832～1883）

　皆さん、全体を把握するためにはどうしますか。例えば、この家全体を絵に画くときには、どうしますか。まず家のフレームを書くでしょう。それから、家の構造を書きますね。一人の人物を絵に画こうとする場合もそうでしょう。全体の輪郭をまずかいて、それから首・胴体・足という人間の主な構造をかきますね。それと同じように聖書全体を把握する場合にも、聖書の構造を把握しなければだめです。

旧約聖書の構造とは何ですか。

聖書の目次をごらんいただきますと、そこに旧約の三つの構造がはっきりと記されております。ただ何となく見ておってもわからないですよ。旧約聖書とは何か、一言で言うならば、旧約聖書とは、イスラエル民族を媒介とした救いの歴史である。新約聖書とは、教会を媒介とした救いの歴史である。旧約と新約との違いは、媒介の違いです。イスラエル民族と教会の主題は同じです。救いの歴史、これが共通の主題であります。古い契約と新しい契約、モーセとイエス、律法と恵みの差はあるでしょうけれども、両者に共通しているのは、救いの歴史であります。

旧約の構造は三つに分けることができます。旧約聖書というのは、イスラエル民族の過去と現在と未来の姿を記しています。イスラエルの過去の姿はここに記されていますが、それは、創世記からエステル書までの間に書かれております。最初の五つの書物を「モーセ五書」と言いまして、旧約の中心であります。その後のヨシュア記からエステル記までを「歴史書」と言います。そこには、イスラエルの民が、モーセの律法をいかにその歴史の中で展開して行ったかが書かれています。ここまでがイスラエルの過去の姿です。次にヨブ記から雅歌までを「文学書」あるいは「知恵の書」と言います。ここにイスラエル民族の現在の姿が記されています。ヨブ記は「苦難」、詩篇は「人生の諸経験」、箴言は「知恵」、伝道の書は「虚無」、雅歌は「愛」を主題としています。イスラエルの民が、異邦の文

化に接触して、苦悩した結果産み出された書物です。

苦難、知恵、虚無、愛、それぞれイスラエルの民にとっては「今の問題」であると共に、永遠普遍の問題でありますし、人間はいつでもこれらの問題から逃れることはできません。これらの文学書を読むことによって、これらのものが書かれてから二千数百年後の今日でも、私たちは大きな光と指針が与えられます。イスラエルの民は、荒野から出ましてカナンの地に入ります。カナンの地に入り、彼らはカナンの異教的な文化に接触いたします。ある時にはアッシリア文化（列王記下一五・29等）、またある時にはバビロンの文化（列王記下二〇・12等）、その後、ペルシア（歴代誌下三六・22等）、ギリシア（ダニエル書一一・2等）、ローマ（続編の一マカバイ記七・1等参考）等、さまざまの異教の文化にイスラエルの人々は触れるのですね。そういうような異教の文化にしばしば接触して、「ヤハウェかく言い給う」というような直接的な、単純な、預言者的な信仰では生きていくことができなくなってきたのですね。複雑な、さまざまな具体的な問題に直面したのです。皆さんも同じではないですか。イエスを信ずるという単純な信仰によって私たちは救われる。だがそれだけでは、家庭、職場、社会において信仰生活を維持することができますか。単純、素朴な信仰ではどうすることもできない困難な、複雑な問題に直面しませんか。イスラエルの人たちもそうでした。預言者的な単純な信仰では対決できない問題が出てきた。そこで、知者、知恵学派と言われるような学派が出ましてですね。ヨブ記、箴言、伝道の書などが書かれたのです。文学書は、苦難で始まって、愛で終わっています。

さて、イザヤ書から、いわゆる大預言書と言われるものが始まりまして、エレミヤ書、エゼキエル書、ダニエル書と続きます。ホセア書からマラキ書まで小預言書と言いまして、全部で一二巻あります。主にイスラエル民族の未来について記されております。イスラエル民族の過去と現在と未来に対して、イスラエルの神は、解決を持ち給うということの、これは信仰の告白です。偉大な神ではありませんか。人間の力では、私たちの苦い経験、失敗をどうすることもできないでしょう。夢の中にまで出てくるような本当にいまわしい失敗ですよ。人間の力では処理することはできない。

それを皆さん、イスラエル民族が、イスラエルの神を信ずる時に、過去の失敗や罪をも、この神がご解決くださることが証しされているのであります。現在私たちが直面している問題に対しても、イスラエルの神は、解決を持っておられるのです。大きな慰めではありませんか。将来私たちが直面するであろう問題に対しても、旧約の神は解決を持っておられるのであります。しかも旧約聖書の中に具体的な、さまざまな実例が豊富に記されている訳であります。この旧約の構造に従って、新約を結集いたしました教会は、三つの構造というものをそのまま新約聖書に当てはめた訳であります。

まず新約聖書をごらんいただきますと、教会の過去の姿というものを私たちはマタイによる福音書からヨハネによる福音書——これを四福音書と言っています——の中に見ることができます。教会の原型であるところのイエスのご生涯を記したのが四福音書であります。それぞれ著者の観点は違い

ます。けれども主題は同じであります。教会の頭であり、主であるイエスという方は、どういうお方であったかを書き記しているのであります。

次に使徒行伝からユダの手紙まで――この部分は教会の現在の姿を書き記しております――当時の教会が直面したさまざまな具体的な困難な問題に対して、主にパウロでありますが、使徒たちが具体的な解決を示したのが、書簡と言われている個所の内容であります。

そして、ヨハネ黙示録という書物がまいりまして教会の未来はどうなのか、そのことを具体的に、黙示的に書き記しているのであります。ここに私たちは教会の過去と現在と未来を支配したもうところの私たちの救い主イエス・キリストの御姿をみることができるのであります。イエス・キリストを救い主として信じるときに、教会の過去と現在と未来のあらゆる問題が解決されるという信仰が、ここに告白されているわけであります。すばらしいじゃありませんか。聖書というのは！

皆さん、いろんな悩みがあるでしょう。この複雑怪奇な罪に満ちた人生、なぞに満ちた人生を真面目に生きようとすればするほど、私たちは問題を感じますね。悩みが多くなるでしょう。そういうような時に、私たちは神の言である聖書をひもとくべきです。

この聖書の中に私たちが今直面している問題に対する解決を、見い出すことができるのです。解決の糸口は聖書から、この聖書の中から得ることができるのであります。実に簡単な仕方でありますが、

聖書の内容ということについて紹介させていただきました。しかも先程申し上げましたようにこの聖書を見てまいりますと、歴史、哲学、文学、道徳、預言、律法、書簡、伝記的書物があります。実に豊富な内容でありまして、ただ読んでいるだけで楽しくなってまいります。第一この黒の皮表紙で、しかも神聖な書物という印象を私たちは受けてしまいますので、聖書を読むときには、襟《えり》を正さないと読めないような感じになってしまう。だから教会に来るときに、ほこりをはらって教会で読むべきもの、しかも先生が開いたところだけ読むというようなことになってしまう。これは間違っていますよ。そういう誤りを捨てていただきたい。聖書は、毎日心の糧として読むべきものであります。

聖書の読み方

そこで第三番目に聖書の読み方ということについてお話しいたしましょう。皆さん、聖書をどういうふうに読んでおられますか。プロテスタント（新教）の最も基本的な立場は、聖書66巻（旧約39、新約27）は、私たちの信仰と生活の唯一の規範であります。クリスチャンにとって聖書は憲法のようなものであります。聖書も読まないで、クリスチャン生活がおくれますか。なぜ皆さんのクリスチャン生活に勝利がないのですか。

聖書を神の言として読んでいないからではないですか。聖書も読まないで、幸いな、喜びに満ちた、

勝利にあふれたクリスチャンの生活をおくろうなんて考えること事態、おかしいと思いませんか。聖書が神の言であるということが、単なるモットーである場合があまりにも多いのであります。聖書が本当に神の言であると信じているのであるならば、しかも時代を越え、国境を越え、民族を越えて、私たちの生活とかかわりをもっている、永遠不変の価値を持っている神の言であると信じているならば、この聖書を私たちは、毎日信仰を持って読むべきであります。皆さん、聖書の読み方に二つあります。第一は規則的な読み方であり、第二は不規則的な読み方であります。

① 規則的な読み方

聖書の規則的な読み方、これはクリスチャン生活にとって基本であります。読んだり、読まなかったり、気まぐれな読み方じゃ駄目です。レビ記は無味乾燥でわからないから、飛ばしてしまおう、そういう好き嫌いがあっても駄目なのです。好き嫌いが食べ物にありましたら、どうなりますか。栄養失調になります。いろいろな病気にかかりやすくなります。クリスチャンも同じですよ。この書物は長過ぎる、わけのわからない人の名前ばかり出てくるから飛ばしてしまおう、というようなむらのある読み方も避けたいですね。聖書は創世記から順序正しく読まなければなりません。しかも、規則正しく、朝起きたら聖書を読みましょう。朝起きたら何をしますか。テレビを見ますか、新聞を見ますか、台所に走り込んでごはんの支度をしますか、赤ちゃんにオッパイを飲ませたり、おしめを取りかえた

りしますか。皆さん、赤ちゃんが火のついたように泣くときには仕方がありませんが、目をさましたらまず、聖書を読みましょう。手のとどくところに聖書を置かなければなりません。私はいつもこう言っているのですよ。「**一日一章一生読み続けよ**」、覚えましたか。

クリスチャンは、聖書を一日一章を一生読み続けよう。聖書の一章は、長いもの短いものいろいろありますよ。読むのが早い人、遅い人、さまざまでしょうけれども、だいたい一章三分かけたら十分でしょう。今朝私は、三章読みました。祈りながら、黙想しながら読みました。一五分かかりました。普通に読んでいますと一章を三分ぐらいで読めますよね。最低一日に一章一生読み続けてごらんなさい、どれだけ多くの祝福が与えられるかわかりませんよ。絶望に打ち沈んでいるときに、もう聖書なんか読みたくない、こう思うときもあるでしょう。世の中の人は、そういう時にどうしますか。酒を飲んだり、マージャンをしたり、ダンスをしたりしますね。しかしクリスチャンはそういう時に聖書を読む。そして読んでまいりますときに、私たちの心にピーンとくるようなお言葉がある。その時、どうしますか。赤線を引っぱる。ですから、聖書を読むときには、いつも赤鉛筆を持っていなければだめなんだ。赤鉛筆がなかったら万年筆でも、ボールペンや蛍光マーカーでも何でもいい。聖書というものはよごれればよごれる程、カンロクが出てくる。皆さんの聖書は、どれだけよごれていますか。涙でよごれる。手あかでよごれる、赤鉛筆でよごれてくる。線を引っぱる、繰り返し読む、心に残っ

たお言葉を暗唱する。そのお言葉で一日を生きていく。荒野の試みにおいて、イエスはおっしゃいました「人はパンだけで生きるものではなく、神の口から出る一つ一つの言で生きるものである」（マタイ四・4）と。これは、旧約聖書の申命記八章3節からの引用です。イエスは、旧約の御言葉を暗唱しておられたのですね。

人間は単なる動物的存在じゃない、人間はそれ以上の精神的な、霊的な、もっと高尚な存在なのです。神の御言葉を食べなければ、生きていくことができないような霊的、精神的存在なのだとおっしゃるのです。皆さん、三度、三度、ごはんを食べない人がいますか。三食を二食ぐらいにしている人はおりますね、やせたいと思って。けれども皆さん、一日に二食か三食はパンかごはんを食べなければ、私たちは生きていけませんね。それと同じように聖書は、私たちの心の糧です。これは、心のごはんですよ。それを皆さん、三度、三度食べなかったらどうなりますか。お腹がすいてくる、飢えてくるでしょう。仕事ができなくなってくる。いらいらして、ヒステリー症状になってくる。ご主人だってわからないですよ、奥さんにガミガミ、子供にピシャッとやり出す。人が変わってくる。いらいらして、ちょっとした試練に勝てなくなってくる。一日一章と言わずに、一年で旧約三章、新約を一章づつ毎日読めば一年で旧・新約聖書を通読できます。朝一章読んだら、お昼にまた一章を読む、夜はちょっと時間を作って二章ほど読む、そうすると旧約三章、新約一章づつ読むことができます。ただ量をこなすだけじゃ駄目ですよ。味わいながら、考えながら、祈りながら読んでいく、聖書というのは不思

議な書物です。私たちの心に響くような御言葉が必ず記されている。これは不思議ですよ。規則的に、少なくとも朝起きたら、まず聖書をひもといて読もうではありませんか。それが皆さん、神の祝福を得る最大の秘訣ですよ。それを実行して、祝福を受けなかったら、ご連絡ください。読み方が悪いのですからさらにご指導申し上げますからね。いいですか規則的な読み方、朝食を食べる前、家族で聖書を読み、祈っていますか。聖書を読み、霊の糧をいただいてから、肉の糧をいただく、これが順序でしょ。皆さん、順序を間違えてはいけません。肉の糧をいただいたらねむくなっちゃう。頭がにぶっちゃって、聖書どころではないでしょう。お腹が空いているときに、頭がすっきりしているときに、聖書を開いて、霊の糧をいただくのです。感謝のお祈りをささげてからごはんをいただくとおいしいものです。

申命記六章をごらんいただきますと、イスラエルの人たちが、いかに聖書を規則的に読んでいたかが記されていますね。

　きょう、わたしがあなたに命じるこれらの言葉をあなたの心に留め、努めてこれをあなたの子らに教え、あなたが家に座している時も、道を歩く時も、寝る時も、起きる時も、これについて語らなければならない。またあなたはこれをあなたの手につけてしるしとし、あなたの目の間に置いて覚えとし、またあなたの家の入口の柱と、あなたの門とに書きしるさなければならない。

（申命記六・６〜９）

皆さん、一日一章しか読まないなんていうのは、情けない話だ。この御言葉が言っていることは、四六時中ですよ。寝てもさめても、聖書の御言葉を想いなさい。皆さん、ユダヤ教におきましては、十家族が集まりますと、一つのシナゴグ（会堂）ができた、そこで徹底的な聖書教育が行われたのです。ユダヤ教では、この会堂において0歳からお年寄まで、聖書の御言葉を一言一句暗唱させたのです。皆さん、私たちは聖書をどれだけ暗唱しているでしょうか。イエスは、荒野の悪魔の試みに対し、申命記の御言葉を暗唱なさって、その御言葉によって、悪魔を撃退された。今から皆さん、二千年も前に、印刷術も、こんな紙もなかった。パピルスとか、羊皮紙しかなかった。聖書の数は限られていたため、一般の人たちは持つことができなかった。会堂に巻物の形で保存されていたのです。だから初代教会のクリスチャンたちは、安息日に教会に行って、御言葉を暗唱させられたのです。だから当時のクリスチャンたちは、聖書をまる暗記していた。頭の中にしまいこんでいた。だから強いのでしょう。ステパノがそうです。殺されそうになったときに、旧約聖書全体から適切な御言葉を引用しました。そして裁判所において、自らの正しいことを弁証したんです。それ程に皆さん、聖書を読んでいらっしゃいますか。

② 不規則な読み方

だから皆さん、規則的な聖書の読み方と共に、不規則的な聖書の読み方も必要なんです。イエスは、

死から甦えられた時に、聖書を全体として、全体の聖書から御言葉をお引きなさって、自らが救い主であることをご証明なさったでしょう。「聖書全体にわたり」と書いてある（ルカ二四・27）。聖書全体を通読することが大切です。イエスはそうなさっておられたから、聖書全体からご自身について説き明かすことができたのです。聖書は、神さまからの「ラブレター」ですよ。皆さん、ラブレターをもらったときに、一日一章読み続けるなんて、そんな読み方をしていますか、ラブレターをもらったら、目の色を変えて、押し入れの中に入って読むとか、だれもいないところで一気に、一生懸命読むでしょう。しかも皆さん、鉛筆で書いて、消してあったところがあったりしたら、行間を読むでしょう。聖書も同じようにして、一気に、そして一生懸命、行間までも読むべきであります。

私が二年ほど前に、アメリカのカリフォルニア州オレンジ・カウンティー（Orange County）というところで、開拓伝道を助けさせていただいておりましたときに、聖書を一気に読むべきであるということをメッセージの中で訴えました。そしたら一人の主婦の方で、求道中の方が「よし、聖書を読もう」と決意されて何と三日間で、聖書66巻を読んでしまいました。これには驚きました。一生懸命読めば、このぶ厚い聖書を三日間で読めるんですよ。しかし三日坊主じゃだめだ。聖書というものは繰り返し読むべきものです。読むたびごとに新しい光が与えられるものです。段々聖書がわかってくると、聖書という書物がいかに面白い内容を持った書物かが分かってきます。こうなったらしめたものですね。特に旧約聖書は面白い、その中でも創世記は面白い。創世記、チョビリチョビリ読むんじゃなくて、

一気に読んでごらんなさい。アブラハム、ヤコブ、ヨセフの生涯の物語、どんな小説よりも面白いですよ。三浦綾子さん（写真、一九二二年〜一九九九年）のあのおもしろい小説の種本は、旧約聖書だそうですよ。レビ記でもわかってくると、これほど興味のある書物はない、出エジプト記、民数記、皆、私たちの生活と密接なかかわりを持っている。実におもしろい、興味が尽きない。ルツ記なんか、短いですから読み易い。でも列王紀上・下なんか、長いでしょう。人の名前、場所の名前がやたらと出てくる。何とかシケルとか、聞いたこともないような言葉が出てくる。始めは、わからないところは飛ばして読まれたらよろしい。全体のスジさえわかったらよい。導かれたとき、読みたいなあと思ったとき、聖書を開き、一気に読みなさるとよいと思います。

最後に聖書の三つの理解の仕方について、お話しして終わりにしたいと思います。

聖書の知的な読み方

一つは、聖書の知的な理解です。聖書をまず読んで、知的に理解することが必要です。聖書に何が書いてあるか、これをまず読んで理解することが必要でしょう。義務教育を受けていれば、聖書は誰でも読めます。ちゃんとむずかしい漢字にはふりがな（ルビ）がふってありますから。ところどころ

わからないところがありましたら、聖書辞典とか、注解書、聖書地理、講解書などを参考にするとよいと思います。しかし聖書のテキストそのものに聴くということが、聖書を読むときに一番大切なことです。聖書についての他人の意見や、自分の意見は、参考程度に聞いておくべきです。

聖書の体験的読み方

聖書を読んで、感心しただけで終わっちゃダメだ。読んでなる程と思ったら、それを信じなければ、ダメだ。信じたときに、御言葉が私たちの血となり肉となり、私たちの思想、生活までも変えてしまう力となるのです。信じるということは、御言葉を体験するということであり、御言葉に自分の一切をかけるということであります。祈りつつ読んでいきますと、聖霊が適切な御言葉を示してくださるんです。すべての真理に導き給う聖霊の導きにより、御言葉を経験する。そういう読み方をしておられますか。これは二番目にきていますが、実は、一番大切な読み方なのです。「頭」で理解したことを、今度は「心」で信じる。このことを御言葉経験とか、聖霊経験とか言っていますね。御言葉と聖霊とを切り離してはいけませんよ。両者は、切っても切り離せない関係にあります。

聖書の実践的読み方

今度は、聖書を「足」で読むのです。聖書を足で読むとはどういうことですか、それは信じた御言

葉を、生活の中で実践することを意味します。そうでなければ、皆さん、聖書を神の言葉として、本当の意味で読んだことにはなりません。ステパノの例が一番よい例だと思います。

［ステパノの実例］

使徒行伝六章をごらんいただきますと、初代教会の最初の役員の一人、ステパノのことが書いてあります。彼は驚くべき信徒であります。伝道者以上です。六章5節をごらんいただきますと、ステパノは「信仰と聖霊に満ちた人」と書いてある。信仰と聖霊に満された人ということは、どういうことかが、その後で具体的に説明されている。七章の後半をごらんいただきますと、ステパノは、旧約全体から、ユダヤ民族の二つの柱である神殿とモーセの律法には逆っていないということを見事に弁証しています。モーセの律法と神殿に逆っているのはあなた方であるということを、旧約聖書全体から、彼らが神の言葉と信じている旧約聖書全体から救済史的に実証した。ステパノは旧約を、正しいお方（キリスト）から理解していた。旧約の本質、中心から聖書を読んでいたのです。

彼は聖書を単に知的に、神学的に理解していただけではない、彼はそのことを体験し、実践した。自分の理解していたことに、自分の全実存、全生命、全存在をかけました。人々は怒りたけって、ステパノを石で打ち殺しました。（次頁写真・ステパノの殉教、ポール・ギュスターヴ・ドレ、Paul Gustave Doré, 1832～1883）

しかし彼の殉教の死は、その後のキリスト教の歴史に多大な影響を与えました。ステパノの説教と死によって、異邦人伝道のチャンピオン、パウロが回心し、ステパノの死の結果、迫害が激しくなり、散らされて行ったクリスチャンたちが、アンテオケに教会をたてました。このアンテオケ教会が、後日、異邦人伝道の拠点となって、キリストの福音は全世界に伝えられていきました。

御言葉を知的に、神学的に、全体的に理解する。それに全存在をかける。殉教の死もいとわない、そういう信仰をもって、聖書を読むべきではないでしょうか。長生きをする、若くて死んでしまう、そういうことが、真に問題なのではない。聖書の御言葉を理解し、体験し、これを実生活の中でどれだけ実践しているか、これが問題なのです。聖書の本質、構造、読み方を想い起しながら、ステパノの生きざまにならおうではありませんか。

（一九七七年四月一七日の礼拝説教）

祈り（マタイによる福音書六章1〜18節）

あなたは施しをする場合、右の手のしていることを左の手に知らせるな。それは、あなたのする施しが隠れているためである。すると、隠れた事を見ておられるあなたの父は、報いてくださるであろう。……あなたは祈る時、自分のへやにはいり、戸を閉じて、隠れた所においでになるあなたの父に祈りなさい。すると、隠れた事を見ておられるあなたの父は、報いてくださるであろう。……また、祈る場合、異邦人のように、くどくどと祈るな。彼らは言葉かずが多ければ、聞きいれられるものと思っている。だから、彼らのまねをするな。あなたがたの父なる神は、求めない先から、あなたがたに必要なものはご存じなのである。（主の祈りが続く）……あなたがたは断食をする時には、自分の頭に油を塗り、顔を洗いなさい。それは断食をしていることが人に知れないで、隠れた所においでになるあなたの父に知られるためである。すると、隠れた事を見ておられるあなたの父は、報いて下さるであろう。

（3〜4、6〜8、17〜18節）

前回はクリスチャン生活の五大原則その1といたしまして、聖書の通読についてメッセージをいた

しました。第2の原則は、**祈り**でございます。そこで今朝は祈りとは何か、祈りの位置・本質・構造、内容等についてメッセージをいたします。テキストは、ただ今司会者の方にお読みいただきましたマタイによる福音書六章の前半です。

祈りの位置

まず、祈りの位置ということについて申し上げたいと思います。祈りというもの、私たちクリスチャンにとって一体どういう位置をもっているのでしょうか。

私はクリスチャン生活の中で、祈りというものは最高の位置を持っていると考えています。私たちの信仰、私たちのあり方一切が、私たちの祈りにあらわされてくると考えています。どういう祈りをささげているかどれだけ祈っているか、祈りの中にあなたの信仰のすべてが表現されるのです。祈らないクリスチャンは、クリスチャンではありません。聖書を読み、キリスト教に関する書物を読んで、なるほどよいことが書いてある、と私たちが知的に同意いたしましても、書かれていることに賛成いたしましても、それでは信じたことにはならないのです。信じるということは、単に頭で聖書に書かれていること、本に書かれていることに対して賛成するだけではなく、その真理に私たちの全存在をかけることです。信じるということは「かけ」です。自分の存在、自分の生活、自分の一切をかけな

ければ、それを信じたことにはならないのです。そして信じたことを私たちの生活の中で実行し、実現するにあたって必要なものは、祈りであります。

祈りとは神との対話です。神への語りかけであり、また祈りにおいて神が語りかけてくださることであります。血の通った生命にあふれた神との関係、これは私たちの祈りにおいて一番見られるわけであります。

祈りは、私たちのクリスチャン生活において信仰の頂点です。結論です。祈ることを知っているクリスチャンは幸いです。祈るときに私たちの無力は神の全能の力が働くチャンネルとされるのです。悲しみにひたっているとき、祈ります時に、その悲しみは喜びに変えられるのです。魂の飢えかわきを覚えるとき、祈りますと、私たちの心は驚くべき神の喜びと生命そして平安に満されてきます。祈りとは驚くべきものです。困難に直面しています時に、膝を折って天の父なる神に祈ります時、神は不思議な光を与えてくださいます。困難の解決の糸口を示してくださるのです。(写真・祈りの手、アルブレヒト・デューラー、Albrecht Dürer, 1471 ～ 1528)

祈る姿、それこそは人間の最も美しい姿ではないでしょうか。神との交わりほどすばらしいものは

ありません。マタイによる福音書の前半には、祈りが私たちのクリスチャン生活において最高の位置をもつことを、主イエスはこの個所で示しておられます。ここを見ますと、ユダヤ教の最も大切な三つの習慣が述べられています。

第一は施し、第二は祈り、第三は断食です。

これらはユダヤ教の中で三つの重要な習慣であったわけです。愛は具体的に施しをもって表現しなければ、その愛は無意味です。そこで施しが非常に重要視されたわけです。神との交わり、これも祈りという形で表現されなければ無意味です。そして断食という荒修業が、ユダヤ教において非常に重要視されたわけです。この三つのものの中で、祈りがその中心、真中にきているでしょう。祈りなき施しは意味がありません。祈りもこめないで困っている人を見た時、助けてやらあーというような態度で施しをしてもそれは本当に感謝されませんよ。この野郎、もらってやらあというようなことになってしまいます。何かを与えるにしても与え方が大変大切です。祈りをこめ、愛をこめ、本当にその人の立場にたってその苦しみを実感して、その人のプライドを傷つけないよう、イエスの愛の表現の一つとして施しをなす、人に見せるためではなく、隠れた愛の行為としての施しが、この個所で言われているのです。

皆さん、祈りから離れた断食、それは単なる律法にすぎません。あるいは一つのショーにすぎないのではないでしょうか。私はいかにも敬虔である、信仰深い、宗教的であることを人々に見せびらか

そうとして、いかにも断食しているというように苦痛に満ちた顔をする。これは一つのショーです。これは宗教の本質から最もかけ離れた偽善です。その意味において、主イエスは、祈りをこめて神の臨在のもとになす断食こそ意味があると考えられたからでしょうか、三つの中で祈りが中心に置かれているのです。むずかしい言葉を使いますと、祈りは一つのアウフヘーベン(止揚点 aufheben)です。施しを生かし、断食を生かす最も重要な根拠、かなめなのです。祈りがなかったら、すべてのものは無意味なのです。神との生命の通った祈り、これこそは私たちのクリスチャン生活に生命を与えるものです。これが祈りの位置ということです。祈りがどんなに重要であるか主イエスは、この順序によって明らかにしているのです。

祈りの本質

祈りの本質とは一体何か、それは隠れた祈りです。

隠れたという言葉が、この個所には沢山出てくるでしょう。人に聞かせる祈りであってはいけない。人々を感動させてやろうというような祈りであってはいけない。当時パリサイ人たちは街の大通りにおきまして、人々が見えるようなところで、当時は車なんか走っていませんから、歩行者天国ばかりですからね。大通りの真中で膝まずき天を仰いで天のお父さま! と叫んだのです。聞かせる祈り、

見せる祈り、これは祈りの本質から最も遠い見せかけの祈りです。祈りの本質は、隠れたところで、隠れて見たもうところの、見えざる神にささげるものです。主イエスは、この個所で「あなたは祈る時、自分のへやにはいり、戸を閉じて、隠れた所においでになるあなたの父に祈りなさい」（6節）と教えられました。戸を閉じてとは、どういうことですか。ただピシャンと戸をしめただけでは駄目なんです。原語では、錠前をかけて誰も入れないようにしてというのです。克チャンや由チャンがガタガタ出入りしているようなところで、本当の祈りはできませんよ。集中できませんよ、ソワソワしてね。特にお母さん方は、神にお祈りする時、気をつけなければならないですよ。もう台所のこと、買物のこと、子供のこと、育児のこと、ご主人のこと、考えていたらお祈りどころの騒ぎじゃないでしょう。雑念が頭にいっぱい浮んで、つき抜けた祈りは祈れないでしょう。

時間を聖別して、部屋に入って、錠前をかけて、人が入れないようにして密室で祈ることを、主イエスは教えておられるのです。そうでなくては、皆さん、私たちの一日はガサガサして、イライラして、夕方になるとヒステリーがおこって子供にとばっちりがいく。ご主人が帰って来ましても「遅いわね！」と疲れて帰ってきたご主人を暖かく迎えることができないでしょう。家の中がピリピリしてどうしようもありません。密室に退いて心を静めて祈る、自らを反省する、神から喜びと生命と平安と愛とを注いでいただいてイエスのようなクリスチャンとさせていただくことが必要です。

祈りの構造

祈りの構造ということについて見てまいりましょう。

主イエスは、祈りの模範といたしまして、**主の祈り**を弟子たちに教えられました。恐らくこれは、イエスが祈られた祈りであろうと考えられます。この祈りを見てまいりますと、祈りに驚くべき構造が隠されていることを私たちは知るのです。

まず、この祈りを大きく分けますと、二つに分けることができ、前半と後半でこの祈りはさらに六つに分かれています。第一は呼びかけです。そして大きく分けると二つになります。前半は神に関する祈りです。後半は私たちの日常生活に係わる祈りです。天的な祈りと地的な祈りですね。神に関する祈り、人間に関する祈り、対照的でしょう。これはモーセの十戒の構造と全く同じです。

しかも最初の神に関する祈りを見ますと、これは三つに分けることができます。第一は御名が崇められますように、御名ということです。第二は御国が来ますように。御国ということです。第三は御心が天に行われているように……御名、御国、御心、覚えやすいでしょう。

後半もやはり三つに分けることができます。第一は日毎の食物、第二は罪の赦し、第三は試みにあ

わせないでください。第一を肉体的健康という言葉で塚本虎二先生は、有名な主の祈りの本の中でまとめておられます。第二は霊的健康です。罪の赦し、霊的健康の中心でしょう。第三は将来の霊的健康に関する祈りです。肉体的健康と霊的健康という言葉で後半の祈りを要約することができるのでありります。時間的な構造を見ますと、第一の祈りは現在、第二は過去、第三は未来にかかわっています。

この主の祈りの構造を見ていきますと驚きますね。前半のこの三つの祈りの中心は御国です。御名が崇められる場所が御国です。御国というものが、二つの祈りをしっかりとまとめているのです。皆さん、御名が崇められるということは、父なる神に関する祈りです。第二の御国が来ますようにという祈りは、三位一体の第二に位置しておられる、御子イエス・キリストにかかわる祈りです。父なる神は御子イエス・キリストをこの地上に遣わし給うて、御国がこの地上に実現するように、その道を開き給うたのです。御子にかかわる祈りです。第三の祈り、御心がなりますように。これは聖霊に関する祈りです。神の御心を実現させ給うお方は一体誰でしょうか。聖霊でしょう。ペンテコステの日に遣わされた聖霊です。これは父なる神、御子なる神、聖霊なる神にかかわる三つの祈りです。

人にかかわる三つの祈りも同じです。日常生活の必要を満して下さるお方は父なる神です。私たちの罪を赦し給うお方はどなたですか。十字架で血を流されたイエス・キリストでしょう。そして将来にわたって私たちにふりかかってくるさまざまの試みから守り、救い出してくださるお方は、一体

どなたでしょう。主イエスを荒野に導かれた御霊ではありませんか。後半の人にかかわる祈りもまた、三位一体の神に係わる祈りであることがわかるのです。皆さん、この祈りは、実に考え尽くされた祈りです。でたらめに祈っているのではありませんよ。しかも皆さん、この世の新興宗教の祈りと違うところは、どこにあると思いますか。この世の宗教を信じる人たちは、自分の願い、自分の御利益を祈るのが第一です。ところがクリスチャンの祈りは違います。人間中心の祈りとは違うのです。

クリスチャンの祈りは第一に神の御名が崇められますように、御国がきますように、御心が行われますように。クリスチャンの祈りは神中心の祈りです。そして御心にかなうところの私たちの祈りを、神は聴いてくださるのですね。順序は決して逆転してはいけないのです。

祈りの内容

そこで次に、祈りの内容についてもう少し詳しくみていきたいと思います。第一は神に関する祈り、しかも人に関する祈りは、神に関する祈りを土台にしているのです。

神に関する三つの祈り

先ず神に関する三つの祈りから見ていきましょう。まず呼びかけがありますね。「天にましますわれ

らの父よ」、驚くべき呼びかけではありませんか。どういう神に祈っているか、そのことをはっきりさせるために呼びかけが必要です。「天にましします」、これは何を意味しますか。しかも続いて父なる神よと言っています。皆さん、聖書の中に父なる神よという表現は、旧約聖書にも出てきます（詩篇八九・26「彼はわたしにむかい『あなたはわが父、わが神、わが救の岩』と呼ぶであろう。」、イザヤ書六三・16「……あなたはわれわれの父です。主よ、あなたはわれわれの父、いにしえからあなたの名は、われわれのあながい主です。」等）。けれども、天という言葉を組み合わせたのは、イエスだけです。これは、そういう意味において、革新的な呼びかけです。

天というのは、この地上を超越したということではありません。地上のお父さんとは違うもっと力がある。地上のお父さんに似てはいるが、違う。地上のお父さんをもっと超越した、もっと力のある、そういうお方であることを表現しているのであります。しかも父なる神というのは、何をあらわすかと言いますと、お父さんが子供を愛するような私たちの神は、愛の神である。悪いことをしたら、愛のムチをもってパーンとたたく正義の神です。ダビデ王は自分の子供を叱ったことがなかった、と聖書に書いてあります。だから、アブサロムという子供がお父さんに反逆したでしょう。ただやさしいだけでは、私はだめだと思う。厳しさがないお父さんはだめです。『甘えの構造』（土居《どい》健郎《たけお》、弘文堂、一九七一年）という本を書いた人がいます。お医者さんですよ。著者は日本人の人間関係の中心は家族制度にあると見ています。特にお母さんと子供の関係はベタベタしている。ややもするとお母さんは

盲愛的になるでしょう。それじゃだめです。子供は神から与えられた、一人のれっきとした人格をもった人間です。その意味では、子供といえども他人ですよ。私たちの所有物ではない。神からゆだねられた人格者です。しかも私たち親は、いつの日か子供を離れて去ってゆくのです。子供は、この地上にたった一人残されてゆくのです。その時に彼らが自立心をもって、独立心をもって父なる神に結びついて、地球のどこに放り出されても、たった一人で、主体的に生きてゆけるそうゆう子供に教育しなかったらどうなりますか。特に、皆さん、離婚の80％位の原因はどこにあると思いますか。性格の不一致ですよ。そもそも性格の不一致はどこから出てきますか。母親依存ですよ。精神的にその子が母親から独立していないのです。精神的には母親と結婚してしまっているのです。だから結婚しても、その結婚生活はうまくいかないのです。母親依存、これは本能的なものです。ここから聖別されなかったら、幸福な結婚生活を送ることはできませんよ。「天にまします我らの父よ。」このように私たちは祈ることを覚えなくてはならない。そして私たちの子供たちにもそのように祈ることを教えなければならない。

御名が崇められますように

まず第一に御名が崇められることを祈らなければだめですよ。人間は徹底的に自分の名が崇められることを求めているのです。しかも、たちの悪いことにクリスチャンはキリストの名を語って、神の

御名を利用して、自分の野心、自分の願いを遂げようとするのですよ。そして神の御名が崇められまようになんて言いながら、実際自分の名が崇められている場合が多いのですよ。人間は、とことん自分の名前が崇められること願うのです。だから皆さん印刷物に自分の名前が出てきたら一番気になるでしょう。人の名前よりも、まず自分の名前を見るでしょう。名前の書き方が、少しでも間違っていたら文句を言うでしょう。他の人の名前が違っていてもどうということはない。世界中で一番、自分の名前が大切なのです。私たちは自分の名前ではなく、神の名前が崇められることを求めるべきです。この崇められるという言葉は、原語を見ますと「きよめられる」という意味です。「きよめられる」という言葉はどういう意味を持つかというと、二つの意味があります。第一は区別されるということです。この世のいかなる人々の名前からも区別された特別な名前ということです。区別されたということのもう一つの意味は、唯一のということです。日本には、よろずの神が存在します。もう神さまが多過ぎちゃって、何でも神秘的なものは、神さまにしてしまうのです。お客さままで神さまにしてしまう。皆さん、聖書の神は、唯一の神です。唯一の神、他の神々とは区別される「神の御名が崇められるよう」に祈るべきです。

きよめられることの第二の意味は、超越するということです。どういう意味かと言いますと神がお造りになったすべての被造物を超越している、つまり全能なる神ということ、神の全能なる御名が崇

められますように。

ギリシアのアレキサンダー大王の名は、全世界に崇められました。しかし彼は、自分自身の心をおさめることに失敗しました。そして彼の名は地に落ちました。ネロ皇帝もそうでしょう。ニクソン大統領も、ウォーターゲート事件によって失脚しました。田中角栄前総理大臣もそうですよ。小学校しか出ていない方が日本の総理大臣になった。しかしあのロッキード事件を契機に致しまして、彼は実にみじめな経験をさせられました。人間の力には限界がある。

我らの信じる神は、万物を創造なさった神、全能の、頼りがいのある神です。そのお方の御名が崇められることを第一にすべきではないでしょうか。唯一の神、全能なる神です。このお方にまず祈りをささげ、このお方の名前が崇められることを求めるべきではないでしょうか。名前はその人の本質を現わすのです。特に聖書ではそうです。神の名前は沢山書かれています。日本語は全部「主」と訳されていますけどね。ヘブル語を見ますといろいろな言葉が用いられています。たとえば創世記一章では、神が天地万物を創造なさったでしょう。力の神、全能の神、そういう神を表わすために、創世記の著者は、エロヒィームという言葉を使っています。エルは力、ヒィームは複数形の語尾です。第二章に入りますと人間創造が中心でしょう。第二章では人間と契約を結ばれた神、人間と係わりを持つ神という意味で、契約の神・ヤーウェという。言葉が使われています。ヤーウェというヘブル語は「あ

ってある者」「人間という存在をあらしめたお方」「人間をお造りになったお方」というような意味を持っています。これは一例にすぎません。

名は人を表わすというでしょう。しばしば私たちの国では、逆でありまして、立派な名前を持っている人ほど、だめな人間が多いのですが、聖書においては、名はその人の本質をあらわしているのです。唯一の神の名、全能なる神の名前が崇められることが、皆さん、第一ではないでしょうか。そのことのためには、どうしたらよいですか。自分の名前が崇められたいというこの気持ちが、この本能的な願いが、イエスの十字架の血によって、全く潔められていなければならないのです。「我、キリストと共に十字架につけられたり。」私の名前が崇められたいというこのエゴが、どうか神、イエスの十字架の血潮によって取り去られることができるようにと、まず祈るべきであります。

御国が来ますように

御国の反対は何ですか。この世の王国でしょう。サタンが支配する国、権力者やお金が支配し、人間や学歴がのさばっている国、家柄が重んじられるこの世の国だ。そしてテストばかりあって、運動もできない、だからもやしみたいな若者が多過ぎる。ヒョロヒョロして青白い。私たちは若い時、ハダシで遊んだんだ、昼は野球だ。ハダシだよ。太陽がギラギラ光る中で、ハダシでした。私の故郷は福島県の飯坂温泉ですが、きれいな河がありました。そこで泳いだんですよ。高い岩の上から、バー

ンと飛び込んでバシャバシャと急流をさかのぼっていったものですよ。美しい山が ありました。暇があれば、山に行った。昼間は野球、夜は卓球でした。ではいつ勉強したか、授業中ちゃんと聞いていたから、それでたいてい大丈夫でした。実に楽しい。いつでも夢に出てくるのは、少年時代の楽しかった光景です。美しい山河、楽しそうに生き生きとして、遊びたわむれている自分の姿、今の子供たちは気の毒だと思う。人間がのさばり、物がのさばる、そういうこの世の国ではなく、神が支配する神の国です。どういう国ですか。ヨハネ黙示録二一章に出てくるような国です。そこには死もなく、涙もなく、争いもないと書いてあるでしょう。平和な、喜びに満ちた、涙もない、悲しみもない本当にすばらし国です。神の子羊として、ほふられたイエス・キリストを中心として、天の軍勢が賛美している。あがなわれた聖徒たちが声をあわせて賛美し、神を礼拝しているのです。ここには争いがなく、驚くべき平和が支配している。皆が互いに赦し合い、助け合っているすばらしい神の国。喜び、感謝が満ちあふれている。すばらしいと思いませんか主イエスと父なる神が中心です。

罪赦された聖徒たちが、互いに心を合わせて助け合って生きている国、神の国がこの地上に、来ますように。これが私たちの第二の祈りでなければいけない。争いの多いこの世の国です。涙の多い、悲しみの多い国、争いにあふれた、憎しみに満ちた地獄さながらのこの国です。皆さん実に住みにくい国ではありませんか。このような国から救い出して、イエスの十字架の血潮によって救い出され、神の国に私たちは入ることができるのです。

この世の最後に完成する神の国を先取りすることができるのです。先取りの信仰です。不完全でありましょうけれど、平和が私たちの争いに満ちた家庭、学校、社会世界に実現し始めるのですね。驚くべき約束ではありませんか。神の国が実現するように皆さん、毎日祈っていますか。世界に平和の神がご支配なさるように祈っていますか。

御心が天に行なわれる通り地にも行なわれますように

前半の祈りにおきましては、この御心ということが、中心です。私たちの思いや、願いではなくて、神の御心が行なわれますように。これは祈りの中心です。私たちの祈りは、ほとんど、こうしてください、ああしてください、お小遣いをちょうだい、あれを買ってください、そういうご利益を中心とした祈りですね。自分中心の祈りでしょう。一度でも神の御心が行なわれるようにと祈ったことがありますか。神の愛の御心がなりますように、私の願いが、イエスの十字架によって審かれ、聖められ、高められて主イエスの御心がなりますように――と祈ったことがありますか。イエスのゲツセマネの祈りは、まさにこの一点に尽きているではありませんか。私の思い、私の願いではなく、神さま、あなたの願いが、あなたの御心がなりますように。神の御心とは何でしたか。それは十字架にかかるということだったでしょう。

だけど皆さん、十字架にかかりたい人がいますか。両手、両足に釘を打たれてですよ、皆が見ている前でさらし者にされて、六時間も皆さん、息、絶え絶えのようなかたちで生きているのですよ。一ぺんに殺してくれたらいいでしょう。ピストルか何かで。ところが、皆さん、両手、両足は釘づけにされて、そのままの姿で、六時間も生きているのですよ。喉はかわくでしょう。糖尿病ぐらいの喉のかわき方ではないですよ。大変な苦しみだ。だからイエスはゲツセマネの園で、マルコの福音書を見ますと、神の全能なる力に訴えまして、どうかこの苦き盃を取り去ってください。できることならば、十字架の道を避けることができるようにと祈られたのです。当然でしょう。けれども私の思いではなく、神さま、あなたの御思いが実現されますように。

皆さん、ゲツセマネの園で、もしイエスがあの時、十字架の道を避けたらどうなったでしょうか。人類には救いがなかったでしょう。争い、憎しみ、殺し合いの世界であったでしょう。恐らく世界は、今日滅亡し果てて、存在していなかったでしょう。それを思いますと、イエスが、私の思いではなくて、神さま、あなたの御思いがなりますようにと祈ってくださったことは、全人類の救いでした。また私

たちの救いであったでしょう。偉大な祈りでしょう。人類の歴史を変えることが祈りです。そういう祈りを皆さん、祈ろうではないですか。神を中心とした祈りこそ、私たち罪の歴史を、罪深い人間の存在を変えることができるのです。(写真、Gustave Doré, Jesus Praying in the Garden)

人間に関する祈り

人間に係わる第一の祈りは、「私たちの日毎の食物を今日もお与えください」です。

肉体的健康 —— 日毎の糧

皆さん、私たちの肉体は、聖書によりますと聖霊の宮であると書いてあります。勝手に食べたいだけ食べて、やりたい放題、何でもやって、身体をこわして神さま助けてください。これではねえ、わがままというもんでしょう。肉体は聖霊の宮ですよ。汚してはいけない。それだけでは不充分です。まず聖霊の宮である肉体が、養われる必要があるのです。しかも日毎にです。三度三度の食事が与えられまして、聖霊の宮である神のみこころが実現されるところのこの肉体です。神の御名が崇められるところの場を提供しておるところの、この肉体です。この肉体が日々養われますように、これは、当然の祈りではありませんか。ところが皆さんこのマタイによる福音書六章の後半を見ますと、人間

は食べること、着ること、住むことで思いわずらっているんです。もう食べるものがない。来月はどうしようか。夕食はどうしましょう。思いわずらっているんです。明日は何を着ようかしら、マイホームではありませんが、一生懸命働きバチのように働いて、サラリーマンは退職金をいただいて、やっと猫の額ほどの土地を買って、マイホームが実現し、快適な生活が始まるかという時、この世とハイサヨウナラ、子供に全部遺産を残す。ところがその子供たるやグウタラな子供が多いんです。何のために働いたんだろう。何のために家を建てたんだろうかと思えるような子供に家を残し、土地を残しても皆さん、何の益になりますか。そんな子供たちに何も残す必要はない。むしろ祈りの遺産を残しなさい。祈りの遺産を残してあげたら、子供は一人で生きてゆくことができる。神が助けてくれるでしょう。わずかばかりの財産、わずかばかりの遺産は子供を腐らせるばかりだ。子供を堕落させる。もうすべてを献げてしまいなさい。神の国のために。天の御心がなることのために用いられる方が意味があると思いませんか。私は幸いにして教会に導かれて、祈ることを教えられた。これこそ最大の遺産であると私は信じています。

　私は救われる前、ご飯を食べる毎に、つぶやきました。ご飯がかたいの、おかずがおいしくないの、お味噌汁が甘すぎるの、しょっぱ過ぎるの、とひとくさり文句を言わないと食べなかった。けれども皆さん、救われましてクリスチャンになり、私は始めて感謝という言葉を覚えたのです。それから私はどんなご飯でも、どんなおかずでも、神に感謝できるようになりました。ご飯を食べる毎に感謝し、

祈ることを覚えました。
神は無限の栄光の富の中から私たちに必要な「いっさいの必要を満たしてくださる」とパウロはピリピ書四章19節に記しています。また「まず神の国と神の義とを求めなさい。そうすれば、これらのものは、すべて添えて与えられるであろう」（マタイ六・33）と書いてあるでしょう。信じますか。

霊的健康 —— 罪の赦し

罪とは負債です。神に対する借金です。同時に人々に対する借金です。これは返済不可能な負債、借金です。だからここを見ますと、「わたしたちに負債のある者をゆるしましたように、わたしたちの負債をもおゆるしください。」（12）ここのところは、主の祈りでは、私たちの罪を赦してくださいと書いてあります。霊的健康の中心は罪です。罪の意識、これを英語では、ギルテイ・コンシャスネスと言います。あるいは良心の呵責と言ったらよいでしょうか。私は少年時代、隠れて悪いことをやっていました。母の目を盗んでサイフからお金をチョロまかし、兄弟のおやつをチョロまかしたりしました。また田舎には、さくらんぼとか梨とかいろいろなものが畑になっていましたから私は誰もいないのを見はからって、盗んだり、悪いことを沢山しました。少年時代の罪を想い出しては、良心の呵責で苦しむことがあります。ここには看護婦さんが多いのですが、患者さんで、良心の呵責で気がおかしくなった方がおられませんか。誰にも言えないような罪だ。

イスラエルの初代の王サウロは、いくつかの罪を犯し、真に悔い改めることができずに、悪霊に悩まされ、気が狂ってしまいました。一般の人でも、この良心の呵責に耐えかねて、しばしば警察に自首するでしょう。時効になっているのに自首したり、時効寸前に自首してみたりする人のことを、新聞かなんかで読んだことがおありでしょう。良心の呵責に耐えかねて、精神を病んだりします。こういう人にどんなに電気ショックを与えてもだめだ。どんな優秀な医者、看護婦が介抱してもだめです。こういう人は、イエスしか癒すことができない。良心の呵責、これは私たちの人格を破壊します。皆さん、罪のゆるしの恵みほど、私たちにありがたいものはない。偉大なものはない。どんなに塾に通ってみても、高い月謝を払ってみても、子供たちの心から良心の呵責を取り去ることはできません。どんなに高い治療費を払っても、私たちの心の良心の呵責を取り去ることはできません。霊の医者であられるイエス・キリストだけが『汝の罪赦されたり』と十字架のご愛をもってお赦しくださり、また取り去ってくださるのです。これはすばらしい恵みですよ。お金で買うことはできない。教育で手に入れることができない。イエスだけが与えることのできる恵みです。信じる信仰によって与えられるところの偉大な恵みです。しかし本物の赦しの恵みを得てくださいよ。偽ものではいけない。赦されないのに、赦されたと信じてはいけませんよ。すぐそのことはバレてしまう。人を赦したと思っても、本当は赦していない場合があるでしょう。赦したように思っても、どうしても赦すことができな

い。その人を憎んでしまう。その人を責めてしまう。その人を裁いてしまう。そういう場合にはもう一度、神の前に座り直して、「神さま、私の罪を赦してくださったあなた、どうかこの恵みをもって、あの人の罪を赦すことができるように導いてください」と祈るべきです。自分の力では、罪を赦すことはできません。イエスの恵みの力だけが、私たちの罪を赦すことができます。

霊的健康――試みに会わせないでください

最後に「試みに合わせないで、悪しき者からお救いください」という祈りをごらんください。私たちの人生は試みに満ちていますね。将来ともさまざまな試みがあるでしょう。誘惑があるでしょう。まじめに、真剣に生きようとすればするほど、この世には試練が多いのです。皆さん、でたらめにこの世に妥協して、適当に生きてごらんなさい。悩みなんかありはしないですよ。けれども、そういう生き方は、きわめて動物的ですね。人間である限り、もう少しましな生活をしたい。こう思ったら必ず試みがやってくる。クリスチャンとして正直に、真剣に神の御言葉に従って聖く、正しく生きてゆこう、そう思ったら苦難がやってくるでしょう。試みがやってくるでしょう。けれども、御霊は、あらゆる苦難からのがれる道を備えていてくださるのです。またイエスは、荒野において、一切の試みにあってくださいました。大祭司でありたもうた主ご自身が完全な人間として、私たちが経験するすべての経験をご経験くださった主イエスは、私たちが試みの中にある時、私たちを助けることができ

ます。あらゆる試みの中から、私たちを救いあげることができるのです。「神もし我らの味方ならば、誰か我らに敵せんや。」すべての試み、十字架の試みにさえも打ち勝ちたもうた主イエスは、あらゆる試みから、私たちを救い出すことができるのです。驚くべき主の祈りです。これが主の祈りの内容です。私たちの祈りはどういう祈りですか、どういう祈りを祈っていますか。

いつ、どのように祈るべきですか

まず規則的に祈るべきです。朝起きたらすぐに聖書を開いてお祈りをする。やっていますか朝の祈り。これが私たちの一日を決定する。まず皆さん、朝起きたら、お早ようございますと神にごあいさつすることが必要でしょう。聖書を開いて、お祈りする、主の御心を問う。単純な祈りでよいのです。「主よ、この一日を与えてくださって感謝します。今日一日を導いてください。主よ、共にあってください。今日一日の生活が、どなたかに祝福となることができますように」と祈ってごらんなさい。一日の生活が違ってきますよ。お祈りもしないで、ブツブツ言いながら、一日を始めてごらんなさい。みんなに不愉快な思いをさせますよ。実にみじめな一日を送ることになるでしょう。皆さん一日を祈りをもって始めようではありませんか。夜寝るときに、「神さま、今日も一日導いていただいて感謝します」と言って、ベッドに入ってごらんなさい。夜眠れないなんてことはないでしょう。平安に休むことが

できる。これは、健康に一番よいですよ。ためしてごらんなさい。食事をするたびごとに簡単な祈りでよいですから、祈ってください。どこでも、いつでも祈ることができます。神は、どこにでも、いつでも私たちのそばにおられるのですから、台所でも、バスの中でも祈ることができます。目をあけながらでも祈ることができます。

皆さん、自動車を運転しているときに、祈りたいと思って目をつぶって祈ったらどうなりますか、あの世行きですよ。目を開けながら、お祈りをするのです。単純な祈りでよいのです。美辞麗句を並べるお祈りよりもね、卒直に、単純に祈ることですね。いつでも、どこでも祈ることができるのです。けれども、ある時には、密室で、時間をかけて、時間を聖別して祈ることが必要ではないですか。本当に膝を折って、手を合わせて、時間をかけて祈る。目をつぶって思いを神に集中して、御言葉に集中して祈る。祈りは、私たちの性格を、また生活を変えることができます。祈りにおいてこそ、神は全能の力を発揮してくださるのであります。神中心の祈り、しかし同じこの世のこと、自分の生活の必要のために祈る。人々のために祈る。主の祈りのような祈りを祈る教会にいたしましょう。

（一九七七年四月二四日の礼拝説教）

礼拝（ルカによる福音書六章1～11節）

人の子は安息日の主である（六・5）

礼拝とは一体何でしょうか

礼拝とは、一言で言うならばですね、私たちの人生の目的であり、意味であり、生活の中心であります。神は、天地万物をご創造なさっただけではなく私たち人間をも造ってくださいました。神のかたちとして、動物や植物とは違ったものとして、万物の霊長として私たち人間を創造なさいました。この神を、イエス・キリストの聖名によって礼拝することこそ、私たち人間のなすべき第一の務めです。しかし人間は、神の愛と期待を裏切って罪を犯しました。そういう人間を神は限りなく愛してくださって、私たちをどうにかしてその罪の中から救い出そうとしてくださいました。この私たちの救い主イエス・キリストをこの地上にお送りくださった神を礼拝したてまつり、このお方の御言葉に耳を傾ける、御言葉によって私たちの心がリクリエイト（再創造）される、これよりも大切なことが他にあるでしょうか。このような礼拝によって、一週間の命と喜びと豊かな霊の糧をいただいて、一週間の

戦いを始める、これにまさる喜びが、私たちクリスチャンにあるでしょうか。礼拝を守るということほど、私たちの人生にとって重要なことはないのであります。主は命がけで私たちを罪の中から救いあげてくださったのですから、私たちも命がけで主イエス・キリストを礼拝すべきです。

安息日論争

ルカによる福音書六章を見ていただきますと、イエスとパリサイ人の安息日論争を見ることができます。愛か戒めかということがここで問われております。ある安息日と言いますと、これはユダヤ教では土曜日であります。

イエスが麦畑の中を通って行かれました時に、弟子たちがお腹が空いたのでありましょう、穂をつみ、手でもみながら食べていました。それをパリサイ人が見ていて、「あなたがたは、なぜ安息日にしてはならない事をするのか」と尋ねたわけです。何とかしてイエス・キリストを落し穴に落してやろうとして、安息日を破る現場をおさえて、イエスと弟子たちを死に追いやろうとしたのですね。ユダヤ教の安息日についての39のおきてを見て参りますと、その中に四つの作業が禁じられておりました。収穫、脱こく、ふるい分け、食事の用意の四つであります。これらの行為をした者は、死罪に価したのであります。弟子たちが穂をつんだということは、脱こくの行為であり、それを食べたとは、

食事の用意のおきてを破ったことになるのでした。その現場を彼らは捕えたのです。鬼の首でも取ったように彼らは喜んだでありましょう。その時、イエスは逆襲されました。君たちが神の言としている旧約聖書を読んだことがあるか。サムエル記上二一章1〜6節には何と書いてあるのか。ダビデとその供の者たちが飢えていたときに、どうしたか。彼らは神の家に入り、祭司の外誰も食べてはならない供えのパンを取って食べたではないか、人間の命と人間の作ったおきてを破るのと、一体どちらが大切なのか考えて見給え、とイエスは逆襲されました。そして最後に人の子（キリストのこと）は安息日の主である、と主イエスは結論されたのであります。安息日の主はおきてではない、主ご自身であるとおっしゃったのです。

皆さん、なぜパリサイ人たちは、安息日の意義ということをこのような形で誤解しておったのでしょうか。いくつかの理由があったと思うのであります。

第一に聖書の読み方を間違えていました

彼らが神の言として信じていたその旧約聖書の読み方を間違えていたということですね。これが第一の間違いです。礼拝を守ったり、休んだりといういい加減なクリスチャンは、本当の意味で神の言である聖書を正しく読んでいないと思うのであります。イザヤ・ベンダサンが書きました『日本人と

ユダヤ人』という本を読んでまいりますと、日本にはあまりにも日本的な日本教徒的なキリスト教徒が多過ぎるということを言っていますね。十一献金だって二か月も三か月も滞納してですね、そしてそれから十一献金じゃなくて月定とかいうんですね、まごまごすると納めるのを忘れてしまうというクリスチャンがいる。休んだり、出たり、実にでたらめなクリスチャンが多い。ユダヤ教では、皆さん、礼拝を守らなかったら、殺されるんですよ。それ程にきびしかった。それもまた一つの極端でありまして、聖書の誤った読み方から、そういうようなことがでてきたわけであります。一体パリサイ人たちは、どういう聖書の読み方をしておったのでありましょうか。

パリサイ人の聖書の読み方

彼らは聖書の中心である神の恵みよりも、戒めを中心として聖書の言葉を読んでいたようであります。しかもモーセの十戒を中心としていたのでありますが、モーセの十戒を守るための彼らの作った細則を彼らは十戒よりも重んじるようになっていたのであります。その細則を破ることが、すなわちモーセの十戒を破ることである。モーセの十戒を破ることは、神のみ心に反する事である。神に反逆することである。こういう論法でありましてですね。彼らの細則の方が神よりももっと重大であった訳ですね。彼らの規則を通して聖書を読んでいたのであります。結局は、神よりは戒めの方が大切になった訳であります。中心的な真理よりも周辺的な真理の方が大切であったのですね。全体よりも部

分が大切であった訳です。人間というのは愚かな者でありまして、木を見て森を見ず、くだらない枝葉の問題にとらわれるのです。私たちにも同じような性質があります。小さな世界に生きておりますと、つい小さいことにとらわれて、大きいこと、より本質的なこと、全体的なことを見逃してしまいます。これは、人間の罪深い性質に、その根をもっています。そういう性質が、このパリサイ人たちの中に如実に見られるのであります。

彼らが正しく聖書を読むことができなかった理由

第二番目にどうして彼らが聖書を正しく読むことができなかったかを見ましょう。それは、自分たちの偏見、自分たちの考え、自分たちの前提をもって聖書を読んだからであります。聖書の主張、聖書の考え、聖書の前提、聖書そのものの言わんとすることに耳を傾けようとするのではなく、自分の考えを聖書の中に読み込むところに誤りがあります。聖書を読むに当って一番大切なことは、自分の考えを一応カッコの中に入れて、聖書の言おうとするところに耳を傾けることであります。そして自分の考え、自分の前提というものが間違っているのであれば聖書の御言葉によって、私たちの前提を正しくしていただくという謙遜な態度が必要であります。自分の考えを聖書に読み込み、押しつけていく、それは聖書を読んでいることにならない。聖書を利用しているに過ぎないのであります。これほど、皆さん、聖書に対する傲慢な、聖書をみくびった態度はなかろうと思うのであります。けれども、

私たちはしばしば聖書をそういう読み方をしますね。聖書は、神の言です。三千年あまりの歴史の審判に耐えてきた聖書であります。人類の知恵が結集している世界最高の書物といえます。

モーセ、ダビデ、サムエル、エズラ、パウロ、そういうような世界のトップの頭脳の持ち主で、しかも世界最高の訓練を受けた人が、聖霊に満たされて、霊感を受けて、聖書を書いたのであります。神の御言葉によって救いの経験を持ち、神を畏れ、神から霊感をお与えいただきまして、しかも人間の理性がフルに用いられて書かれたのです。しかも、皆さん、三千年あまりの歴史の審判を受けてなおかつ、歴史、文化、教育、政治、ありとあらゆる方面に偉大な影響を与え続けてきているこの聖書を読まない、読んだとしても、自分の考えを押しつけるような、そういう傲慢不遜な人間、これは皆さん、時代遅れもはなはだしい、と言ってもいいでありましょう。

観念的にしか読んでいない

第三番目の理由は、彼らは聖書を文字として、知識としてしか読んでいなかったということでありま す。聖書を観念的にしか読まないで、体験的に、主体的に、実存的に読んでいないのです。聖書に書かれていることにアーメンを言ってですよ、信じますと単純にそしてその御言葉を単にみずからが体験するだけでなく、生活の中にそれを活かしていく、その時に自分の生活が変えられていくでしょう。周りの人たちに影響をおよぼすでしょう。社会、歴史が変えられていきます。最近、山本七平

（一九二二年～一九九一年）という人が『対談　日本人と聖書』（ティビーエス・ブリタニカ、一九七七年）という本を書きました。さっそく読ませていただきました。書かれていることは、歴史としての聖書、文学書として、教養としての聖書についてであります。神の言としての聖書については書かれていない、残念であります。聖書の本質的な読み方、これが日本人にはなかなかできないのではないでしょうか。パリサイ人にもできなかった。ですから、くだらないことにとらわれてですよ、イエス・キリストを十字架につけようとするのです。救い主であられるところの、安息日の主であられるイエス・キリストを死に追いやろうとするような、くだらない、下劣な卑怯なことをするのであります。

イエスの聖書の読み方

それに反してイエスの聖書の読み方は、実に皆さん、驚くべき読み方であります。聖書の中心、神の恵みを中心として、人間の命を第一として聖書を読んでおられるのであります。聖書の本質、聖書の中心、部分とか、周辺的なことを言う以上に、聖書の中心、聖書の本質から聖書を読む。皆さん、周りのほとんどの人たちが、律法にとらわれ、保守的で、伝統的な習慣とか、そういうことにとらわれている時代にですよ、このような聖書の読み方ができたということは、驚くべきこと、革命的なことであります。実に進歩的な聖書に対する態度、そこから出てくるイエスの行動、生きざま、これは聖書の正しい読み方から出てきたのですね。今の日本の教会に一体、何が必要かと言ったら、聖書の

正しい理解にまさるものはないと私は思うのであります。厚木伝道所に属する人たちは、イエスのような聖書の読み方をしようではありませんか。パリサイ人のような聖書の読み方をなさっておられる方は一人もいないようにと私は願っています。

礼拝の聖書神学的意義

さて、問題は、安息日の意義であります。キリスト教におきましては、土曜日の安息日が、日曜日に変えられたその理由はご存知でしょう。二つの理由があります。一つは、ユダヤ教と区別するためです。ユダヤ教は、土曜日に安息日を守っていたわけですから、同じことをやっていたのではいつまでたってもキリスト教はユダヤ教のセクト（分派）ですよ。世界的な宗教になれないですよ。使徒行伝二〇章7節「週の初めの日に」、コリント第一の手紙一六章1～2節「一週の初めの日ごとに」と書かれていて、初代教会の人たちは、安息日を日曜日に守っていたことが分かるのであります。

その根拠は何か。

それは日曜日の朝、イエス・キリストが、死人の中からよみがえられた。そして古い創造のわざに対して、新しい創造のわざをなさったからであります。一週間の第一日目である日曜日、その日曜日の中でも一番大切な朝の時間に、これを神におささげいたしまして、神を礼拝する。そして一週間を

神と共に歩む、そういう信仰的な理由で、また実際的な理由で、キリスト教会は二千年の間、日曜日を礼拝の日として守り続けてきたのであります。

しかし礼拝の意義についての考え方は、ユダヤ教から、旧約聖書から受けつがれてきておるのであります。主イエスは、聖書というものを本質から、根本から、中心から読まれ、解釈されました。イエスは、いわゆる根源思考、おわかりですか、源までさかのぼって物ごとを考える、そういう考え方ができるお方であられたのです。だからイエスは、安息日は何のためにもうけられたのかを創世記にまでさかのぼって理解しておられたのです。

旧約聖書は安息日の起源と意義について、創造論と贖罪論の立場から明らかにしているのであります。

創造のできごとから

創世記二章を見ますと、安息日の起源が記されています。神は、六日間、天地万物を創造するために働かれたが、七日目にその作業を終えられたと記されています。安息日がなぜ第七日目（土曜日）に守られたか、その理由の第一は、神が創造のわざを六日間で終えられ、七日目に休まれたからであります。

真の休養

皆さん、真の休養とは、何を言うのでありましょうか。体を休めることだけが休養でしょうか。寝ることだけが休養でしょうか。眠るだけで、仕事に対する意欲とか、生きる希望が与えられますか。体が休まるだけでしょう。動物的な、肉体的な休養は与えられますが、皆さん、もっと大切な精神的な、霊的な休養は与えられませんね。やはり書物を読むとか、他の日とは違ったことをやるとか、否それ以上に、私たちの生命をお造りくださった神を礼拝するときに、私たちに新しい生命、希望、生きる力が与えられるのです。皆さん、一週間のうち一日ぐらい、自分の人生をふりかえる、一週間の生活をふりかえって反省の時を持つ、働くことの意義を考える、そういう時が必要じゃありませんか。それにもまして、神の言葉を通して私たちをご創造くださいました神について、永遠について思いをはせるということは必要じゃないでしょうか。悩みの多い、問題の多い現実から、一度目を離してこの世の雑事から一時聖別されて、永遠を想う、神を想う、人生を想う、そういうことが必要ではありませんか。

神の言を聴くことによって、自らの姿勢を正す、新しい決意に立つ、また新しい希望を与えていただく、豊かな神の命を与えていただく、生きる力を与えていただく、もう一度私たちの霊を再創造していただく、そして神と共に一週間を歩むことによって、人々の救いのために、この社会に貢献する

決意をすること以上に大切な休息があるでしょうか。日曜日の午前中、寝っぱなしとかね、あるいは寝ているのだが、起きているのだかわからない、寝床の中でタバコをのんだり、ご飯を食べたり、テレビを見たりしていて、子供の教育ができるでしょうか。日曜日の朝は早起きをして聖書を開いて神を礼拝する。教会に行って、神を賛美し、御言葉に耳を傾ける、過去一週間の間与えられた神からの恵みを感謝し、また反省して、これから始まる一週間をより恵まれたより成長した歩みをしようと決意する。そこに人間としての真の成長が期待できるのであります。

真の祝福

第二番目の意味は二章3節（「神はその第七日を祝福して、これを聖別された。神がこの日に、そのすべての創造のわざを終って休まれたからである。」）にあります。神はその第七日を祝福されました。皆さん、祝福とは何でしょうか。私は、これは永遠の喜び、幸いであると考えています。私たちの感覚的な、あるいは物質的な幸福、それも必要でありましょう。しかしそうしたこの世の幸福は、過ぎ去るものであります。実にはかないものであります。そうしたものは永遠的な幸福ではありません。永遠の幸福とは何でしょうか。それは神の祝福であります。日曜日、礼拝において、神の祝福をいただく、これが安息日の第三番目の意義です。世の荒波にもまれても、さまざまな試練に遇いましても失うことのない喜びであります。それをいただく時は、いつですか。礼拝の時ではありませんか。

真の聖別

第三番目の安息日の意義は、聖別であります。聖別の意味は何ですか。分離すること、区別することです、安息の日を他の六日間と区別する。安息日は特別な日、例外的な日という意味です。ですから安息日には、六日間やってきたことと同じことをやっていたのでは駄目なのです。違うことをやらなければならないのです。礼拝をし、読書をするだけではなく、人々のためになることをすべきです。病人を問安するとか、弱い方々を励ますとか、運動をするとか、会社でやっていることと違うことをするのです。その方が皆さん新鮮にされるのです。

日曜日は他の日と違う特別な日なのです。それを静かに神を礼拝する日、人生の意味と目的について考える日です。このような特別な日があって、初めて、他の日が活かされるのです。六日の間になされた神の創造のわざが完成されるのであります。これが、創造論からなされた安息日の意義ということです。

贖罪のできごとから

申命記五章15節（「あなたはかつてエジプトの地で奴隷であったが、あなたの神、主が強い手と、伸ばした腕と

をもって、そこからあなたを導き出されたことを覚えなければならない。それゆえ、あなたの神、主は安息日を守ることを命じられるのである。」）を見ますと、安息日の意義づけについて、もう一つの見方が記されています。これを知っている人は少ないですよ。イスラエルの民が、今から三千年以上も前に、エジプトの奴隷の立場から、過越しの奇跡によって、自由にされたそのあがないのできごとを記念するために安息日を覚えなさいというのです。このあがないのできごとがなかったならば、イスラエル民族の存在はあり得なかったのです。安息日には、この神のあがないのわざを記憶し、感謝する特別な日であるというのであります。（写真、Gustave Doré, The Egyptians Drowned in the Red Sea）

神の創造のわざが、人間の罪によって破壊されましたので、神の創造の目的は、人間の罪があがなわれなければ、全うできません。人類の罪のあがないのために選ばれたのが、イスラエル民族でした。イスラエル民族の罪のあがないの経験を通して、神の創造の目的は回復され、安息日の創造論的な意義もまた新しく認識されるのであります。

これほどに大切なイスラエルのあがない（奴隷解放）の中心的できごとが過越しの奇跡であります。過越しの奇跡とは、神が、イスラエルの民をエジプトのパロ王の手から解放するために、行なわれた十の奇跡の最後の奇跡です。イスラエルの民が、小羊をほふり、その血を家のかもいと柱に塗った者の家を神の怒りが過ぎ越していく。小羊の血を家のかもいと柱に信仰を持って塗らなかった家では、その不信仰の刑罰として、その家の長子、家畜の初子が殺されるという恐るべき神の怒りが注がれました。そんな馬鹿なことがあるものかと言って、せせら笑って小羊の血を家のかもいにぬらなかったエジプト人の家から、おびただしい死人が出ました。これにはさすがのパロ王も悲鳴をあげ、モーセに率いられるイスラエルの民をエジプトから脱出することを認めざるを得ませんでした。ここに初めて、イスラエルの民の自由が確保されました。この出エジプトの経験は、彼らにとっては、民族としての自由と独立を可能ならしめたものでした。その意味で、過越しの奇跡は、イスラエル民族の独立記念日ですので、この奇跡が、過越しの祭りとして国家的なスケールで永続的な形で、毎年祝われました。

イエス・キリストは、過越しの奇跡の千年以上も後に、過越しの祭りの最中に、過越しの小羊として十字架でほふられたのであると新約聖書の著者は断言しています（ヨハネ一・29「見よ、世の罪を取り除く神の小羊」、第一コリント五・7「私たちの過ぎ越しの小羊であるキリストは、すでにほふ

られたのだ」)。イエス・キリストを神の小羊として信じ、その血が私たちを罪の奴隷から救ってくださると信じるときに、私たちは、罪から自由とされます。このあがないの経験を持った者だけが、真の魂の安息を持つことができます。そしてそのような安息を持った者のみが、安息日を喜びと感謝を持って守ることができるのです。イエスは、そのように旧約の創世記と出エジプトまでさかのぼって、安息日の意義ということをとらえておられたのです。

私たちもイエスのように、根源思考ができるようになりたいですね。御言葉の表面的な解釈じゃ駄目ですね。御言葉を中心から、本質、根源から解釈する、しかもそれを皆さん、勇気をもって生きていく。そこに神の力が発揮されるのであります。

今まで申し上げたことは、礼拝を日曜日に守ることの聖書神学的な意義です。

礼拝の信仰告白的意義

次に礼拝の信仰告白的意義について申し上げます。

私たちは、本当に「神を第一にします」ということを何によって証しすることができますか。ある人は、自分の家で、個人的に聖書を開いて、賛美歌を歌って、礼拝していれば充分と言います。それは個人礼拝というのです。教会でですね、日曜日の朝、みんなで一緒に礼拝する、これを合同の礼拝

というのです。私は、この一週間を神を第一にして参りますということを、公的に神と人との前に告白する必要があります。毎週日曜日の朝ごとにですよ。できたら日曜日の朝ぐらいゆっくり休みたいところですね。しかしこれでは体が休まっても心が休まりません。イエスが、私たちの救いのために十字架にかかり、そして日曜日の朝、死の中からよみがえられて、私たちを罪と死のきずなから解放してくださった。そう思ったら、日曜日の朝、ゆっくりと寝てなどおれないでしょ。寝床をけって、教会にかけつけ、罪からあがなわれた者たちと共にキリストを、父なる神を私たちの主として、私たちを救う唯一の神として礼拝しなければと、こう思わざるを得ないでしょ。疲れたところを、眠たいところを、犠牲を払って礼拝に出席する、そしてクリスチャンであることを公に告白する。そうしなければ、私は神を第一にしていますと言っても、抽象的な告白で終ってしまいますよ。

まず日曜日の一番大切な時間を神に献げて、神を礼拝することによって、私たちは、月曜日から土曜日まで、神第一の生活をすることを神と人との前に告白するのであります。このような信仰と犠牲のあるところに、神の大いなる祝福があるのです。私は大学二年生のときに救われましたが、そのときに宣教師の先生に礼拝は生命がけで守れと教えられ、それ以来二二年間、病気のとき以外は、礼拝を休んだことはありません。意志の弱い私は、礼拝を守らなかったら、恵みから落ちてしまっただろうと思います。礼拝をあらゆる犠牲を払って守ることは、それだけの価値があります。戦争が始って、キリスト教に対する迫害が起っても、私たちは日曜日ごとに、礼拝を守るのです。試練と迫害の中で

こそ礼拝を守り、神第一の信仰を公的に告白すべきであります。

礼拝の精神衛生的意義

礼拝の第二番目の意義は、精神衛生的意義であります。礼拝の精神衛生的意義なんて聞いたことがありますか。皆で一緒に賛美する、愛の交りをする、お祈りする、聖書を読む、メッセージを聴く、そういうことによって、私たちの心のうちにある苦しみ、悩み、わだかまり、悲しみ、重荷が軽くされ、ある場合には、取り去られます。悲しみは、分ち合うことによって半減し、喜びは分ち合うことによって倍加するという格言があるでしょう。教会にまいりまして他の人に話せないことが話せるんですよ。会社なんかでは、利害関係がありまして、なかなか本当のことが話せない。近所の人にも話せない。第一、高尚な霊的な話しをしたってわかってもらえませんよ。次元の異なる世界に生きていますから、ある人が何を着てるの、何を買ったのとそんなことばかり話しているんですよ。そういう人たちとはなかなか心の問題が話せないものですよ。しかし教会にまいりますと、魂の問題、人生の問題を話すことができる。心の悩みを打ち開けることができる。そして心が軽くなるんです。イエスの十字架、復活を信じることによって、心の最大の重荷である罪が赦されるんです。悩みの代りに喜びが、不安の代りに平安が、敗北の代りに勝利が与えられるのです。教会に来たら、心が晴れる、これが精

神衛生的意義です。

礼拝の人道的意義

礼拝の第四番目の意義は、人道的意義です。これはイエスがおっしゃったことです。困っている人、苦しんでいる人を安息日に助けることです。お腹のすいている人に食べさせることです。飢えを満して、神を力いっぱい礼拝するようにした方がいいじゃありませんか。いやしを必要としている人にはいやしを与える。人間の命の方が、つまらない戒めよりも大切ではないかとイエスはおっしゃるのです。愛か戒めか、命か戒めか、どっちが大切かをイエスは問うておられるのであります。

全世界の富よりも尊い人間の命、これにまさるものがあるであろうか、安息の主は、私であると主イエスはおっしゃっておられるのです。人の命を助ける、病める人を慰める、そういう愛の行為をすることは、大切なことであります。会社でこういうことができますか。会社というのは、利益団体ですからね、そんなことばかりしていたら、会社はつぶれてしまいますよ。教会は、そういう愛の行為をすることによって栄えるのです。不思議な団体ですね。やはり教会のようなところで貧しい人を助ける、病人を慰める、そういう人道的なことを礼拝の中でやる、礼拝の後でするというのは、大切な

ことだと思うんですよ。

礼拝の教育的意義

礼拝の最後の意義は、教育的意義です。だからメッセージには、教育的な要素が必要です。ただ恵みを感きわまって語るだけでは駄目なんです。心には訴えるでしょうが、人間の理性に訴えないのです。メッセージは、人間の心と共に理性に訴えるものを持たないと、人の生きざまを変える力を持つことはできません。

私は、米国のアズベリー神学校のチャペルで説教の三原則という説教を三日間にわたり聞いたことを一生涯忘れることができません。その三原則というのは、目と目、心と心、知と知という三つの原則です。説教は、聴衆の目の動き見てやれ、なぜなら目にこそ、聴衆の心の動きが一番よく出るからです。説教はまず、説教者がメッセージすることに感動して語らなければ、聴衆の心は動かせない。説教にはなる程と思わせるような知的な魅力がないと、聴衆は続いて説教をきこうとはしない。まあこういった内容のことを、三日間説教者が語ってくださったのです。日曜学校で教える場合も同じことが言えませんか。日曜ごとに、聖書が開かれている、なるほどなるほどと、うなづかせるようなお

話しをしていただけますと、子供たちは続いて教会に来るんじゃないでしょうか。いつも同じようなことをしゃべっていたのでは、子供たちはあきてしまいますよ。大人も同じです。家庭、職場、学校で、私たちはいろいろな問題をかかえているわけですから、そういう問題に光が与えられるようなメッセージが、やはりなされるべきですね。恋愛、結婚、就職、進学、子供のしつけ、出産、戦争と平和等について、聖書はどういうことを教えているのか、メッセージの中で説き明かしていただけますと、クリスチャンは、この世でいかに生くべきかについての聖書的指針を得ることができます。

その他礼拝には、いろいろな意義があるでしょう。こういう風に考えてまいりますと、わずか一時間かそこらの礼拝ですが、これは非常に重要な時間であることがわかります。この時間こそ、私たちの生活の中心なのです。皆さん、礼拝を一回でも休んでごらんなさい、それは大きな損失ですよ。皆さん、私たちの人生において礼拝を守る、これ以上に重要なことはないのですよ。

どうぞ、兄弟姉妹、礼拝の意義をはっきり理解して、いや理解するだけではない、そのことにみずからをかけて、礼拝のために時間を聖別しましょう。礼拝の前に五分ぐらいは、心を静めて、黙祷する、オルガンの賛美歌演奏に耳を傾けて、礼拝のために心をととのえる。雑念が取り去られ、心がぐっと天に引きあげられる、礼拝のための準備祈祷のときが必要ですね。そうすれば、礼拝は益々充実してくる。メッセージが少しぐらいまずくても、神の臨在に触れることができます。充実した礼拝を持つ

ことができたら、厚木教会は伸びていきますよ。まず、クリスチャン兄弟姉妹が恵まれてまいりますと、そういう礼拝は人々が引かれて、集ってくるのです。神の奇跡がなされる礼拝、神が神として礼拝される礼拝、そこに神の栄光は現わされ、人々は引きつけられてまいります。礼拝にいらっしゃい、本当に慰められますよ。きよめられますよ、安息が得られますよ、祝福が与えられますよ、命にあふれてきますよ。すばらしいですね。

礼拝に命をかけましょう。私も一生懸命、メッセージにかけます。礼拝は、私たちの命です。家庭においても毎朝、家庭礼拝を持ちましょう。神を第一に礼拝してまいりますときに、神が、私たちを通して伝道してくださる。その時に人々は救いに導かれてくるのであります。礼拝の聖書神学的、信仰告白的、精神衛生的、人道的、教育的意義をよく理解し、それらの意義を私たちの生活に生かしてまいりましょう。

（一九七七年五月八日の礼拝メッセージ）

献身（ローマ人への手紙一二章1節）

兄弟たちよ。そういうわけで、神のあわれみによってあなたがたに勧める。あなたがたのからだを、神に喜ばれる、生きた、聖なる供え物としてささげなさい。それが、あなたがたのなすべき霊的な礼拝である。（1節）

本日は、献身とは何かについてメッセージをいたします。神を第一にするために必要なのは私たちの献身です。献身とは何でしょう。また献身の根拠と言いますか、神学的、信仰的根拠はどこにあるのでしょうか。また何を、どのようにささげるべきなのか、こうしたことをローマ人への手紙一二章1節のお言葉を中心に、ロマ書全体から見ていきたいと願っているわけであります。

献身の位置

まず献身の位置から見ていきましょう。ご承知のようにローマ人への手紙は、パウロの伝道説教の

要約であると言われています。彼は何十回、何百回となく、恐らく各地をめぐり歩きながら、このような説教をくりかえしていたであろうと思われます。新約聖書の中では最も整った教育的書物であります。救いとは何かを、はっきりと論理的に、要領よくまとめて記したものが、ローマ人への手紙です。多分パウロが、ローマの信徒の人たちに、コリントから紀元56年～57年頃に書いたものであろうと思われます。（岩上敬人『パウロの生涯と聖化の神学』日本聖化協力会出版委員会、二〇一〇年、一一八頁他）

これをごらんになるとわかりますように、一章から一一章までには、救いとは何かを神学的に論理的に展開した有名な個所です。一章より八章まで個人の救い、九章より一一章まで、イスラエル救いがテーマです。そして一二章に入って3節からパウロは、クリスチャン生活の倫理とか道徳とか、実際的な問題について述べています。一二章全体は教会内における倫理について記しています。教会の内側においてクリスチャンはいかに行動すべきかが、まとめられています。一三章には、特に教会の外を支配していま国家、政治の問題に、私たちクリスチャンが、いかに係わるべきか、国家に対してどのような態度を取るべきかについて論じられています。一四章に入ると強い者の、弱い者に対する配慮が述べられています。一五章後半は、いうまでもなく、宣教について記されている個所です。

そういうローマ書の構造と内容を念頭において一二章1節をごらんください。この個所は、ローマ書全体の中で、どのような位置にあるのかを考えてみますと、前半の救いに関する神学と、後半の救いの表現としての私たちのクリスチャン生活を、しっかりと結びつけるチェーンと言いますか、ブリ

ッジ（橋）と言いますか、そういう役目をしているのが、献身であることがわかるのであります。

献身というものをパウロは、救いの神学と実践を結ぶ「かなめ」として考えていることがわかります。献身なき神学は観念です。遊びです。献身なきキリスト教倫理は、単なる律法、おきてに過ぎません。こうすべきである、ああすべきであることを知りながら実行できない、何故？ 献身がないからです。神の恵みに満されて、キリスト教倫理に必要な、私たちの肉体を神に献げていない限り、愛の生活をおくることは不可能です。互いに愛し合いなさいという言葉を知りながら、愛し合うことができない。罪を赦し合いなさいと言われても、赦すことができない。そういう意味におきまして、献身は前半の神学を生かし、後半の倫理を生かす重要なチェーンであることを知ります。献身こそ、前半と後半を結ぶ「かなめ」の言葉です。それ程重要な言葉です。

ところが、日本の教会におきましては、献身が神学から孤立されて強調されがちです。論理、神学が無視されて、献身が強調されますと非常に神秘的、盲目的になるでしょう。献身ということが、今度は、倫理から切り離されて強調されますと、具体性のない抽象的なものとなってしまうでありましょう。ですから私たちは救いの神学、論理をしっかりと理解し、ふまえながら献身をなすべきであり、その表現としてのクリスチャン生活ということを、私たちは考えていかなければならないわけです。

きよめられればきよめられる程、人間らしくなってゆく、人々からも尊敬される。人格者になるのです。教会の内でも、外においても真にキリストの愛が輝やき、薫る人間として成長していくのです。

聖霊に満される程、キリストのように変えられていくのであります。愛、喜び、平和、善良、忠実、寛容、柔和、情け、知恵に満されてゆくのであります。

献身の根拠

第二に献身の根拠について、ローマ人への手紙一章から一一章にかけて見ていきたいのです。全体の主題は、神のあわれみということです。パウロは、ロマ書一二章1節において「神のあわれみによって」と述べています。このあわれみは、原語を見ますと複数形で、いくつかのあわれみをさしています。「そういうわけで」とは、一章から一一章に述べた救いの根拠の故に、しかもその根拠は神のいくつかのあわれみによってできているということではないでしょうか。私たちの献身の根拠は神のあわれみであり、しかも複数のあわれみですね。

その複数のあわれみは、ロマ書一章から一一章までを見ますと三つの形であらわされています。

義認論にあらわされた神のあわれみ

第一は、ロマ書一章から五章までの、いわゆる義認論にあらわされた神のあわれみであります。罪

深い私たちが神の恵みのゆえに、イエス・キリストの血潮のゆえに、罪赦されて罪なき正しい者として認められる。これを救いというのです。イエス・キリストの十字架の義のゆえに、私たちは罪人であるにもかかわらず、正しい者と認められる。これは救いの最も大切な基本であります。今朝は、新しい方も来ておられますので、もう少し具体的に、第一の神のあわれみを見ていきましょう。この義認論の個所に述べられている「救いとは何か」についてのパウロの考えを知りますときに、キリスト教が、なぜ世界的宗教として発展していったか、その秘密を知ることができます。

まず第一章においてパウロはあいさつを書いています。パウロは自己紹介をするにあたり、キリスト・イエスの僕《しもべ》と言っています。僕とは、原語（dūlos）では、奴隷のことを意味しています。皆さん、自分の名刺に、キリスト・イエスの奴隷などと書きますか。パウロは当時の世界の大使徒です。本当の救いの恵み、神のあわれみを経験した人は、「イエス・キリストの奴隷」と大胆にいうことができるのです。

さて、あいさつが終わり、ローマ書の主題を述べている有名な一章17節が紹介されます。

「神の義は、その福音の中に啓示され、信仰に始まり、信仰に至らせる」。

この短い御言葉は、原子爆弾よりも、コバルト爆弾よりも大き

な力を持っている言葉です。世界の歴史を全く変えてしまった力を持っています。宗教改革者、マルティン・ルター（前頁写真、Martin Luther, 1483～1546）が、この御言葉にとらえられて、一五一七年、ヴィッテンベルグ（Wittenberg）の教会の扉に、九五か条の提題をかかげたことによって、宗教改革の火の手があがり、そのことによって、ヨーロッパの中世紀は終わりを告げ、新しいプロテスタントの時代が到来したことは、皆さまご承知の通りであります。

「義人は信仰によって生きる」

私たちが救われるのは、人間的な努力によるのでもなく、学問の力、肩書きによるのではない。ただ信仰によって救われるのであるという大胆な宣言は修養、努力による救い、免罪符購入による救いを説いていたカトリック教会にとって、驚天動地の叫びでした。免罪符を当時の人々は、カトリック教会から高いお金を払って買わされていました。そのお金で、中世のローマ教会は大きな大寺院を建築したのです。お金を払うことによって、罪の赦しが得られますか。ルターは、ローマ書一章17節の御言葉を根拠にして、世界中に聞こえるような大声で、「否」を言ったのです。このルターの主張を認めますと、当時のローマ・カトリック教会の体制はくずれてしまいます。その意味においてルターの、この信仰によってのみ救われるという主張は、革命的な主張であったのです。ルターは腐敗し切った世界の指導者たちを相手どって、たった一人で、しかし神と共に、戦いをいどんだのであります。

私たちが罪から救われるのは、お金や修養やローマ法王の権威や教会の権威によるのではない、ただイエス・キリストを救い主と信じる信仰によるのである。これ以外に救いはない。これがルターの魂の底からの叫びでした。そして遂に、このルターの確信は、中世紀の世界をくつがえしてしまったのであります。この御言葉は驚くべき神の力を持っている御言葉です。そしてその御言葉の具体的な説明が、18節以下に述べられているのであります。

信仰によって生きるとは、具体的に何を意味しているのですか。パウロは、そのことを論じる前に罪の問題を取りあげて論じました。

異邦人の罪

パウロが取りあげた第一の罪は、異邦人の罪です。キリスト教では、この罪ということを非常にきびしくいうのですね。ここが共産主義ともこの世のご利益宗教とも違うところです。私はかつて、共産主義宣言（『共産党宣言』大内兵衛・向坂逸郎訳　岩波文庫、一九五一年、『共産主義者宣言』とも訳されている）という書物を読んだことがあります。なかなかすばらしい本でした。けれどもどうしても納得のいかないことが一番最後に書いてありました。それは何かと言いますと、プロレタリアートとブルジョアジーの階級闘争は、最後にプロレタリアートの勝利となり、プロレタリアートが支配する理想的社会が実現するというのであります。皆さん、人間の罪の問題が解決しない限り、階級闘争が止むと思い

ますか。そこに私は一番の疑問を持ったのであります。共産主義の人間観は甘いなあー、こういう甘い人間観にもとづいた理想論には、限界があると思いました。ところが、聖書を読んでみますと、まず人間の罪のことが記されているのであります。しかも実にしつっこく、聖書のあらゆるところに人間の罪が赤裸々に書かれているのであります。これでもか、これでもかと言わんばかりに、人間の醜部が暴露されているのであります。これには、さすがの私もまいりました。何もこんなにも徹底的に人間の汚い面をあばきたてなくてもよいのにと初めは思いました。しかし年をとり、自分を知り、人間をよりよく知ってまいりますと、やはり聖書の人間観の方が正しいという確信が強まってきたのです。パウロは容赦なく、人間の罪をあばきたてます。

ローマ書一章は、18節からは順序正しく読むより、日本人にとりましては、一章の一番最後から逆に読んでいった方がよくわかりますね。なぜかと言いますと、具体的な罪が後半に出てくるからです。31節から、無知、不誠実、無情、……ピンとくるでしょう。30節、そしる者、……具体的でよくわかるでしょう。29節、あらゆる不義と悪とどん欲と悪意とにあふれ、ねたみと殺意と争いと詐欺と悪念とに満ち……。当時の人たちが犯していた罪です。次に述べられているのは、セックスの罪です。まさに現代の世界状況と少しも変わりありませんね。これは今から二千年前の地中海周辺の世界、特にコリントの町の状況であります。24節、彼らが心の欲情にかられ……。人間の罪がこうじてくると性

道徳が乱れてくるのですね。そして人類は亡びに急ぐのであります。セックスの罪は、人間の生命、子孫に係わる重大な罪なのであります。梅毒にでもかかったら、何かと障害を持った子供が生まれないとも限りませんね。なぜ人間は、このような恐るべき罪を犯すのでしょうか。パウロは、それは人間が、神の存在が大自然の中に明らかにされているのにもかかわらず、その神を信じないからである（一・18〜20「神の怒りは、不義をもって真理をはばもうとする人間のあらゆる不信心と不義とに対して、天から啓示される。なぜなら、神について知りうる事がらは、彼らには明らかであり、神がそれを彼らに明らかにされたのである。神の見えない性質、すなわち、神の永遠の力と神性とは、天地創造このかた、被造物において知られていて、明らかに認められるからである。したがって、彼らには弁解の余地がない。」）とするどく指摘しています。

近代は、神の否定から始まりました。現代の暗黒と腐敗からの救いは、神の存在の肯定からしか始まらないのであります。天地万物をご創造なさり、いやはてには人間をもご創造くださいました生ける神を信じることからしか、現代人の救いは始まらないのであります。最大の罪は「不信」であるとパウロは見抜いているのであります。不信から、すべての具体的な罪が出てくるのです。この不信を悔い改めることこそ、真の悔い改めであります。

ユダヤ人の罪

次にパウロは、ユダヤ人の罪をとりあげました。まず、さばきの罪を指摘しています。ユダヤ人は、

律法を守っているから自分はきよい、自分は正しい、自分は救われている、と考えたのです。そして異邦人たちを憎みました。異邦人は汚れた者、神から捨てられた者と思い込み、軽蔑しました。人をさばく罪、ユダヤ人の罪は、傲慢の罪、偽善の罪です。姦淫をするな、盗むなと教えながら、自分から姦淫の罪を犯し、盗みの罪を犯している盲目なる手引き、偽善者です。これは救い難い罪です。

全人類の罪

三章に入ってきますと、ユダヤ人もギリシア人も世界のすべての人が罪を犯した。9節、世界中の人、男も女も、少年、青年、壮年、老人、すべての人が、全人類が断罪されています。義人はいない、一人もいない。「すべての人は罪を犯したため、神の栄光を受けられなくなっており」（三・23）というのが、パウロの罪論の結論です。

罪よりの救い

ローマ人への手紙がここで終わるならば、この世界には救いはありません。絶望です。けれどもパウロはこの三章24節において驚くべき福音を書き記しました。

「彼らは、価なしに、神の恵みにより、キリスト・イエスによるあがないによって義とされる」というのです。これは何という希望でしょうか。

皆さん、ここがローマ人への手紙の心臓部であると言われているところなのです。一章から一一章の救いとは何かという神学の心臓部、中心であります。救いの根拠の中の根拠です。「価《あたい》なしに」とある。なぜ価なしにですか。価値がないからですか。その逆です。価値があり過ぎて、何億円積みあげたところで買うことができないのです。それほどに価値があるのです。神の独り子、イエス・キリストは、もろもろの罪の刑罰である死の刑罰を私たちに代って受けてくださった。

「神はこのキリストを立てて、その血による、信仰をもって受くべきあがないの供え物とされた。」（三・25）

これ以上の愛が、この地上に存在するでしょうか。私たちの罪を赦すために、十字架において、主イエスは、苦しみを受けられ、のろわれ、血を流してくださった。これこそ、神のあわれみの心臓部です。

人間の愛にはいろいろあるでしょう。親の愛、友人の愛、恋人の愛、さまざまの愛がこの人間の社会にはあります。私たちを感動させるような人情話しを浪花節の中で聞くことができます。けれども、皆さん、いかに人間の愛が高尚なものであり、偉大なものであっても、イエス・キリストの愛にまさるところの愛を見たことがありますか。体験したことがありますか。

価なしに、神の恵みにより、キリスト・イエスの贖《あがな》い（apolýtrōsis）により義とされる。贖うと

いう言葉の意味をご存知ですか。奴隷であったものを、お金を支払うことによって買い取ることを意味しています。イエスが、十字架において尊い価を払ってくださった、命という価をです。そのゆえに私たちは、罪の中から贖い出された。罪の奴隷の中から救い出されたのです。私たちの救いの背後には、偉大な犠牲があるのです。神の驚くべき愛、恵みが、その中にあるのです。

キリストの血による救い

我キリストと共に十字架につけられたり、これが自我に対する解決であると言います。けれども、しばしば私たちは、血ということを見のがします。十字架は単なる木ですね。その十字架において、御子イエス・キリストが血を流された。その罪なき血が私たちの罪を贖う力を持っている。なぜ？その理由を示しているのが、レビ記一七章です。ここにはっきりと「血は命であるゆえに、あがなうことができるからである」(11)と記されております。こんな大切な真理が、レビ記に書かれているのです。レビ記というのは、聖書の中で一番面白くない書物とみなされていますが、何と一番重大な真理が述べられているのです。罪なき神の独り子、人間の姿をとられたキリストの血です。私たちの罪をあがなうことができるのはキリストの血だけであります。キリストの血が、贖罪論《しょくざいろん》の中心、罪の赦しの中心です。ばく然とした十字架信仰ではいけません。

十字架で流されたキリストの聖き血だけが私たちの罪をあがない、赦すことができる力をもってい

るのであります。キリストの血こそ、救いの根拠中の根拠、神のあわれみの中のあわれみであります。信仰、信仰と申しましても、何を信じるかが問題です。私たちを救いに導く信仰の中心は「キリストの血」であります。（写真、Gustave Doré, Nailing Christ to the Cross）

第四章に入ってまいりますと、信仰の父と言われたアブラハムの実例が引かれまして、私たちが救われるのは、行いによるのではなく、信仰により、恵みによって救われるのであるというキリスト教における最も重要な真理が、アブラハムとダビデの実例が引かれて説明されています。

第五章に入りますと、罪赦された者の結果、どういう恵みがあるかが明らかにされます。罪赦された第一の結果は、患難《かんなん》をも喜ぶことができることであります。罪が赦され、それまで敵対していた神と和解するということが、どんなに大きな恵みであり、感激であり、力であるか、これは経験した人にしかわからないのではないでしょうか。ここに書かれていることは、パウロ自身の経験であります。彼は、クリスチャンになる前は、パリサイ人で、神に敵対し、律法に依り頼み、クリスチャンを迫害し、多くの人たちを死に追いやりました。その彼が、ダマスコ途上で、復活のキリストに出合い、目が見えない状態にな

る程のショックを経験し、逆にキリストの十字架の意味を理解し、罪赦され、神との平和を経験しました。そのときの喜び、感動が彼を全く変えてしまいました。この経験を彼は「だれでもキリストにあるならば、その人は新しく造られた者である。古いものは過ぎ去った、見よ、すべてが新しくなったのである」（IIコリント五・17）と表現しています。

この救いの経験があるならば、患難をも喜ぶことができる。なぜなら、もはや死の苦しみ、神の怒り、神ののろいが取り去られたからであります。

聖化論にあらわされた神のあわれみ

第二の神のあわれみは、六章から八章にかけて、パウロが論じた聖化論に表わされた神のあわれみであります。罪赦された者が、聖霊に満されることによって、聖い義の実をこの地上において結んでゆく。そのためには、どうしたらよいかが、六章から八章にかけて述べられています。六章を読んでまいりますと、くり返し、くり返し出てくる言葉があります。それは「罪からの解放」という言葉です。罪からの解放の道、それは、イエスの十字架と復活にある。キリストと共に死に、キリストと共に生きるというバプテスマの秘義が、強調されています。

内住の罪

七章に入っていきますと、律法との血みどろの戦いの様子が記されています。恐らくこれはパウロの体験を記したものであると思われます。私たちの生活は「おきて」に満ちています。これをすべきである。あれをしなければならない。しかしやらなければならないことができない。善いということがわかっていながら、それをする力がない。それどころか、「自分の欲する事は行わず、かえって自分の憎む事をしている」(15)。「そこで、この事をしているのは、もはやわたしではなく、わたしの内に宿っている罪である」(17)。これは内在の罪、もっというならば、原罪の指摘である。人間のくさり切った罪の性質の指摘である。「わたしは、なんというみじめな人間なのだろう。だれが、この死のからだから、わたしを救ってくれるだろうか」(24)。これは、律法の戦いにおいて敗北した者の地獄の底からの叫びです。私たちは、これほどに内なる罪と戦ったことがあるでしょうか。

内住のキリスト

この内なる罪は、赦されるのではなく、きよめられることが必要なのです。この内なる罪をきよめてくださるお方は、わたしたちの主イエス・キリストであります。しかも、聖霊によって私たちの内側に生き給う内住のキリストであります。

聖霊によるキリストの内住という考えは、パウロの独特な考え方です。確かに内在の罪は、キリストご自身が、私たちの心の罪をきよめ、心の王座に座して、ご内住くださるのでなければ、解決されないでありましょう。「もし、キリストがあなたがたの内におられるなら、からだは罪のゆえに死んでいても、霊は義のゆえに生きているのである」（八・10）。「もし、イエスを死人の中からよみがえらせたかたの御霊が、あなたがたの内に宿っているなら、キリスト・イエスを死人の中からよみがえらせたかたは、あなたがたの内に宿っている御霊によって、あなたがたの死ぬべきからだをも、生かしてくださるであろう」（11）。キリストの内住と、御霊の内住が同一視されています。実に神秘的な経験であります。しかし確実な経験であります。なぜなら「御霊みずから、わたしたちの霊と共に、わたしたちが神の子であることをあかしして下さる」（16）からであります。

キリストがご内住くださることを、御霊が私たちの霊と共にあかししてくださるのであります。また、私たちの生活の実によって、キリストが私たちの内におられるかどうかがわかるのであります。（今や、あなたがたは罪から解放されて神に仕え、きよきに至る実を結んでいる。六・22）

「もし、神がわたしたちの味方であるなら、だれがわたしたちに敵し得ようか」（31）。内住の罪は、内住のキリストによってのみ、きよめられ、克服されます。そして内住のキリストは、あらゆる人生の試練と困難、死にさえも勝利を与えてくださるのであります。何という神のあわれみでありましょうか。

イスラエルの救いにあらわされた神のあわれみ

第三の神のあわれみは、九章から十一章に記されている、イスラエルの救いにあらわされた神のあわれみであります。イスラエルとアラブの問題は、現代世界の大問題で、一歩誤りますと第三次世界大戦が起こり、世界を滅亡に追いやりかねない危険を持っています。

九章から十一章には、イスラエルの救いの問題が論じられているのであります。なぜイスラエルは神によって棄てられたか、それは「自分の義を立てようと努め、神の義に従わなかったからである」(一〇・3)と端的にパウロはその理由を述べています。棄てられたイスラエルが救われる道は、異邦人と同じであります。「自分の口で、イエスは主であると告白し、自分の心で、神が死人の中からイエスをよみがえらせたと信じる」(9)ことによってであります。パウロは、その不義とかたくなさの故に、一度は棄てられたイスラエルの民が、いつの日か、もう一度救われることを固く信じていました(一一・26)。「神の賜物と召しとは、変えられることがない」(29)というのが、パウロの確信でありました。イスラエルの民が救われて、初めて神の世界の救いに対する計画が完成されるのでありります。ひとたび棄てられた民が、悔い改めて、キリストを信じるなら救われるとは、何という神のあわれみでありましょうか。

こうしたもろもろの神のあわれみに基づいて、私はあなたがたに献身をすすめる、とパウロは述べているのでありあます。無理やり献身をすすめているのではありません。神が、あなたがたの救いのために、どのような具体的なあわれみのわざを成してくださったか、そのことを想い起こしてごらんなさい。そうするならば、神の愛が私たちに迫ってきて、献身せざるを得ないところに追いこまれてくるであろうと述べているのです。こういう献身こそ、本当の献身ではないでしょうか。これは、パウロ自身の経験でありました。神のもろもろのあわれみによる献身、これこそ、パウロのあのすさまじいばかりの三回にわたる、世界伝道の秘訣でありましょう。またあらゆる困難、死の危険にさえ、打ち勝った秘訣でありましょう。どんなときにも、牢獄の中にあっても喜ぶことができた秘訣でありましょう。「わたしにとっては、生きることはキリストであり、死ぬことは益である」(ピリピ一・21)。これは、キリストのために、キリストによって、一切をキリストに献げきったパウロの告白であり、体験であります。

献身の内容

パウロは、何を献げるようにすすめましたか、からだをです。あなたがたの体をと言いました。なぜあなたがたの心を、魂をと言わなかったのでしょうか。ここがポイントです。体が一つの「場」に

なっているのです。神学を倫理に変える「場」です。抽象的神学論で終わることのないように具体性を持たせたのですね。パウロは、救いの神学の論述を終え、いよいよ実践であるクリスチャンの実際生活を論じようとしているのです。そのために必要なのは、霊も心も魂も、頭も口、手、足がついている私たちの体を献げることであります。抽象的な献身ではありません。部分的な献身ではありません。具体的、全体的献身であります。お金だけを献げる、手だけ、目だけ、口だけを献げるのではなく、私たちにとって一番大切な私たちの体全体を献げなさいというのであります。

なぜ？　イエスも、十字架において、ご自分の体を献げて、血を流してくださったからであります。誰に喜ばれるために？　牧師にですか、両親に、恋人に喜ばれるためですか。違いますね。神に喜ばれるためであります。神に受けいれられるためであります。私たちの救いのために、独り子キリストを献げてくださった神を喜ばせるためであります。

生きた体

レビ記に記されているような死んだ動物の体ではありません。私たちの罪によって死んだ体ではありません。キリストの十字架の血によって罪赦《つみゆる》され、キリストの復活の生命によって、生かされた私たちの生きた体を献げるのであります。そのような体だけが、神の聖なる奉仕のために役に立つのでありのます。神の生命にあふれていない、罪の奴隷となった体など、神の奉仕のためには、何の役にも

立たないのであります。

聖なる体

罪が赦されただけで、まだ内住の罪が残っているような体では、だめなのです。今日は恵まれていても、明日はまた罪を犯してしまう。こういうことでは、神の栄光は現わせません。神の聖名は崇められないのです。キリストの福音が、力強く証しされることはないでしょう。罪が赦されただけではなく、聖霊によって内住の罪がきよめられ、聖霊によって、キリストが私たちの心を占領してくださり、キリストが私たちの心を支配してくださる。そういう聖なる体を献げるのです。そういう体こそ、神のご用のために役に立ちます。そういう聖なる体によってのみ、神の栄光は充分に崇められ、キリストの福音が証しされていくのであります。

どのように献げるべきなのか

「ささげなさい」(parastēsai)というギリシア語の時制は、エオリスト(不定過去)です。ギリシア語の不定過去というのは、きっぱりと瞬間的に、決定的な形で献げることを意味しています。献げたものを、また祭壇からおろしてしまうような献げ方ではありません。また徐々に、惜しみながら、少しづつというような献げ方でもありません。ずばりと気前よく、決定的な形で、献げなさいという

意味なのであります。

イエスは、十字架上で、きっぱりと男らしく一度だけ、全人類の救いのために、ご自分の体を献げられました。パウロも「たとい、あなたがたの信仰の供え物をささげる祭壇に、わたしの血をそそぐことがあっても、わたしは喜ぼう。あなたがた一同と共に喜ぼう。同じように、あなたがたも喜びなさい。わたしと共に喜びなさい」(ピリピ二・17〜18)と言って、実際に、彼は自分の体を祭壇にささげ、最後には殉教の死をとげました。ピリピ書の中で、一番「喜び」という言葉が出てくるのはこの個所です。献身ほど、パウロにとって大きな喜びはなかったのです。そして献身とは、現実に、キリストのために、また兄弟姉妹のために、血を流し、生命を捨てることを意味しているのであります。

神のもろもろのあわれみの故に、自発的に、大きな喜びをもって、決定的な形で、私たちのからだを、神に喜ばれる、生きた、聖なる供え物としてささげようではありませんか。(ローマ一二・1)それこそ、当然の礼拝であります。生活も、奉仕も、献金も、このような献身のうしろだてがあってこそ、意味があるからであります。


(一九七七年五月十五日の礼拝説教)

証し（1）行いによる証し――生活（創世記三七章1〜11節）

ヤコブは父の寄留の地、すなわちカナンの地に住んだ。ヤコブの子孫は次のとおりである。ヨセフは十七歳の時、兄弟たちと共に羊の群れを飼っていた。彼はまだ子供で、父の妻たちビルハとジルパとの子らと共にいたが、ヨセフは彼らの悪いうわさを父に告げた。ヨセフは年寄り子であったから、イスラエルは他のどの子よりも彼を愛して、彼のために長そでの着物をつくった。兄弟たちは父がどの兄弟よりも彼を愛するのを見て、彼を憎み、穏やかに彼に語ることができなかった。ある時、ヨセフは夢を見て、それを兄弟たちに話したので、彼らは、ますます彼を憎んだ。ヨセフは彼らに言った、「どうぞわたしが見た夢を聞いてください。わたしたちが畑の中で束を結わえていたとき、わたしの束が起きて立つと、あなたがたの束がまわりにきて、わたしの束を拝みました」。すると兄弟たちは彼に向かって、「あなたはほんとうにわたしたちの王になるのか。あなたは実際わたしたちを治めるのか」と言って、彼の夢とその言葉のゆえにますます彼を憎んだ。ヨセフはまた一つの夢を見て、それを兄弟たちに語って言った、「わたしはまた夢を見ました。日と月と十一の星とがわたしを拝みました」。彼はこれを父と兄弟たちに語ったので、父は彼をとがめて言った、「あなたが見たその夢はどういうのか。ほんとうにわたしとあな

たの母と、「兄弟たちとが行って地に伏し、あなたを拝むのか」。兄弟たちは彼をねたんだ。しかし父はこの言葉を心にとめた。（1〜11節）

私たちは、クリスチャン生活の五大原則と題して、メッセージを続けてきました。教会の将来ということを考えますときに、土台建設ということが、非常に重要であります。今は人数も少く、まるで家族のような状況でありますから、まず信仰の土台をガッチリと築き、その上に立派な家を建てるということが必要であります。

証しは、今まで申し上げてまいりました四つの原則をしっかりと信仰によって、恵みによって、私たちの生活の中に生かしてまいりますときに、おのずからできるものであります。証しを二つに分けます。一つは行いによる証し、すなわち倫理であり、二つ目は、口による証し、すなわち伝道であります。

今朝は、行いによる証し、すなわち生活による証しについてメッセージをいたします。神の御言葉を信じるという信仰、これは私たちの信仰の本質にかかわることであります。信じたことがらを私たちの生活の中に生かしていく、これを証しと言います。キリストが私たちの主であり、救い主であるということを生活の中で、職場、家庭、社会の中で証ししていく、実証していくことが必要なのであります。これをキリスト教倫理と言っているわけであります。ローマ人への手紙で言えば、一二章3

節以降（神が各自に分け与えられた信仰の量りにしたがって、慎み深く思うべきである。……わたしたちは与えられた恵みによって、それぞれ異なった賜物を持っているので、もし、それが預言であれば、信仰の程度に応じて預言をし、奉仕であれば奉仕をし、また教える者であれば教え、勧めをする者であれば勧め、寄附する者は惜しみなく寄附し、指導する者は熱心に指導し、慈善をする者は快く慈善をすべきである。3〜8節）に述べられていることであります。生活のうらづけをもって、伝道いたしますときに、効果的な伝道ができるのであります。

しばしば私たちの言葉は、からまわりして、いくら福音を伝えても救われる人が出ない。その原因はどこにあるのですか。それは生活の証しができていないからであります。伝道をする前に、まず私たちの生活の中で、御言葉の真理を証ししてゆくことが必要なわけであります。生活を通して、イエス・キリストの愛、真実、謙遜、柔和を身をもって実施していく、証明してゆくことが必要です。賀川豊彦（一八八八年〜一九六〇年）という人は、現代はキリスト教を見せる時代だと言われました。私たちが信じていることをまず、生活を通して見せるということが必要なのだ、とおっしゃったことを私は忘れることができません。そのときに人々は、私たちを見直し、私たちを信用してくださいまして、いざというときに、まず私たちを信頼して相談を持ちかけてくるでありましょう。

困難、試練がありましても、いつも喜びを絶やさない。いつでもニコニコと笑って、その試練に耐えていくような生活をしてゆくならば、私たちの家族や、職場の同僚がそのことを認めないわけがな

い。そしてその秘訣を知りたいという願いを、彼らの側に起こさせるのであります。そして彼らが問題をもって悩み、苦しみ、誰かに相談しようと導かれました時、まず私たちのところに来るでしょう。そしてその秘訣を尋ねようとするのではないでしょうか。その意味においても、生活による証し、行いによる証しということは、非常に重要なのであります。そのことを今日は、ヨセフの生涯から学んでゆきたいと願っているわけであります。

ヨセフの生涯から

これは今から約四千年前にアジアの片隅で起きた出来事です。ヨセフの物語は、創世記三七章から始まっています。創世記の中でこの物語ほど、イエスの十字架の愛を見事に証ししている物語はないと言われています。

ヨセフの夢

ヨセフが一七歳のときに、彼は一つの夢を見ました。ヨセフはこの夢に一一〇歳で死ぬまで、生き続けました。それは実に不思議な夢でした。三七章の前半には、夢を見た時のヨセフの家庭状況が述べられています。決してこの家庭が平和な兄弟愛に満ちた家庭ではなかったことを知ることができま

す。皆さん、夢というのは、異常な心理状態のときしか見ないでしょう。三七章2節には、ヨセフが兄さんたちの悪いうわさを父に告げたと記されています。

ヨセフはスパイのようなことをやっていたのですね。腹違いの兄弟たちで、仲が悪かったのです。しかも父のヤコブは、ヨセフが年寄り子であったため、どの子よりも愛したと3節にあります。ヤコブはペニエルの経験（創世記三二・23〜33、神の顔・新共同訳はペヌエル）を持った後なのですが、偏愛の罪を犯していたのであります。だから、兄弟の間がうまくいかなかったのですね。特別にヨセフのために長そでの着物を作ったとあります。いかにも人間的でしょう。エコヒイキ、不平等ですよ。子供の教育上一番よくない。きよめられても、ヤコブにはこんな面が残っていたのです。そのため、兄弟たちはヨセフを憎み、彼に穏やかに接することができなかった（4）のです。同じ屋根の下で、父の偏愛のため、兄弟同志が憎み合い、密告し合っているとは、何という家庭でしょう。

そういう家庭的背景の中で見た夢をヨセフは黙っていればよいものを、シャーシャーとして兄さんたちに語ったのです。ヨセフは若かったんです。兄さんたちはカンカンになって怒りました。よせばよいのに、二度目に見た夢を今度は、父や母、兄弟たちに話したのです。これを聞いて兄弟たちは、益々彼を憎み、妬んだのです。皆さん、兄弟げんか程恐ろしいものはありませんよ。ついに、ある日のこと、父のいいつけで弁当を届けにきました。兄たちは相談して「あの夢見る者を殺そうではないか」（19〜20）と兄弟殺しを実行に移そうといたしました。そのとき、幸いにして、二人の兄さんがヨセフの

ためにとりなしました。ルベン（21～22）とユダ（26）です。このとりなしの故に、ユダの子孫は神の祝福を受け、ユダの子孫から救い主イエス・キリストがお生れになるのです。心の暖い兄弟たちのとりなしによって、彼は穴の中から引き出され、そこを通りかかったエジプトの隊商に奴隷として売られます。

奴隷として売られる

ヨセフは、わずか一七歳で、兄弟たちの手によって、エジプトに奴隷として売り渡されました。夢を話したばかりに、大変な試練に会ってしまいました。しかし幸いにして、エジプトで大変よい主人にめぐり逢いました。その主人の名をポテパルと言います。彼は、エジプトのパロの役人で、待衛長でありました。皆さん、平和な家庭生活から、一瞬にして、わずか一七歳で、他国で、奴隷として売られ、奴隷として生きていくという試練に、今の若い方々でしたら耐えることができるでしょうか。これだけでも、大きなショックで自暴自棄に陥るでしょう。けれどもヨセフは、この試練に耐えたのです。生れて始めて、

両親のもとを離れて、一生懸命異国の主人に仕えたのでした。見あげたものです。たいしたものです。三九章5節をごらんなさい。「彼がヨセフに家とすべての持ち物をつかさどらせた時から、主はヨセフのゆえにそのエジプトびとの家を恵まれたので、主の恵みは彼の家と畑とにあるすべての持ち物に及んだ」。奴隷として最高の待遇を受けるようになるのです。真実一路と言いますが、皆さん真実に生きていれば、道が開かれるのではないですか。（前頁写真、Gustave Doré, 1832-1883, Joseph Sold by His Brethren）

性的誘惑

ところが、世の中うまくいかないものです。とんでもないところから、誘惑の手が差しのべられてきました。それは、主人ポテパルの奥さんです。女としては肉体的に円熟の境地に達していたのでありましょう。主人は忙しくて相手にもされない、時間はある。そこに若いピチピチとした異国情緒豊かな美男子ヨセフが奴隷として働き始めたのです。三九章6節後半にはヨセフは「姿がよく、顔が美しかった」とありますが、スタイルもよく、異国風な少年ヨセフに、異常に惹かれたのでありましょう。「私と寝なさい」と毎日ヨセフに言い寄りました。中年ともなると直接的ですね。しかもしつっこいですね。皆さんだったらどうしますか。男は十代の後半というのは、最も性的衝動が強いときですよ。これは、もっけの幸いとばかり誘惑を受けいれ夫人を寝取るだけではなく、財産までも自分のものに

しようなどという野心を持ちますか。ヨセフは違いました。彼は次のように言って夫人の誘惑を拒みました。「御主人はわたしがいるので家の中の何をも顧みず、その持ち物をみなわたしの手にゆだねられました。この家にはわたしよりも大いなる者はありません。また御主人はあなたを除いては、何をもわたしに禁じられませんでした。あなたが御主人の妻であるからです。どうしてわたしはこの大きな悪をおこなって、神に罪を犯すことができましょう」（三九・8〜9）。何という驚くべき信仰告白でしょう。十代の後半で、これほどの性的誘惑をしりぞけるということだけでも、大変なことです。普通の少年でしたら、異国の地で、この誘惑に負けて、身を持ちくずしていきます。しかしヨセフ少年は、この強力な性的誘惑に打ち勝っただけではなく、高慢心という心の罪に打ち勝ったのです。これが一七歳の少年の姿でしょうか。

性的誘惑に打ち勝った秘訣

ヨセフ少年は、両親のもとから遠く離れて異国の地で、いかにしてこれらの誘惑に打ち勝つことができたでしょうか。二つの理由があります。一つは、こんなにもよくしてくださった私の主人、あなたの夫ポテパルさんに対して、私は罪を犯すことができないという、主人に対する忠実です。これぐらいの忠誠心なら日本にもあったでしょう。義理人情ですね。主人を裏切らないという倫理観は、日本の武士道、儒教思想にもあったのです。しかしこれぐらいでは、強力な誘惑をたち切ることはでき

ない。ではどうしてこの誘惑に勝つことができましたか。それは、ヨセフの真の主人である神に対する忠誠心があったからです。「どうしてわたしはこの大きな悪をおこなって、神に罪を犯すことができましょう」と言っている。これが、いざというときの「きめ手」ですね。

皆さん、日曜学校の重要性がわかるでしょう。さまざまな誘惑に満ちた青春時代をどうしたら勝利をもって過すことができますか。それは、ヨセフのような信仰を持つことによってですよ。誰も見ていなくても、この世の主人がいなくても、私の主人である神が見ていらっしゃる。このお方に対して、私は罪を犯すことができない。この信仰があるなら、どんな誘惑にも、試練にも打ち勝つことができるのです。皆さん、現代の青年に必要なのは、この信仰ではないでしょうか。週刊誌にも、テレビにも、電車の広告にも、映画の看板にも、私たちの欲情をそそるような刺激的なものばかりが、目にうつる時代です。儲けることのためには何でもする。自動販売機で、お金さえ入れれば、青少年たちの心を刺激するエロ雑誌を手に入れることができる時代です。どんなに禁じてもどうすることもできない時代、こういう時代に日本の教育は無力です。性の乱れの問題を、日本の教育はどうすることもできない。中学生たちが売春を行っている。そういう恐るべき時代です。しかも、セックスの問題は、私たち日本民族の子孫の繁栄に係わる重大な問題です。人間の生命に係わる重大な問題です。

四千年前、ヨセフは神に対して、私はこの罪を犯すことはできませんと言った。毎日言い寄るポテパルの妻の誘惑をしりぞけた信仰は驚くべきです。異国の地に、たった一人で、何の保証もない。ポ

テパル夫人の言い分をきき入れなければ、自分の地位も失なわれてしまうかも知れないという危険をおかしてまでも、主人ポテパルと神に忠実を誓ったのです。すばらしい信仰ですね。

ポテパル夫人の偽証とヨセフの投獄

拒絶されたポテパル夫人は、カンカンに怒り、帰宅した主人に「あなたがわたしたちに連れてこられたヘブルのしもべはわたしに戯れようとして、わたしの所にはいってきました。わたしが声をあげて叫んだので、彼は着物をわたしの所に残して外にのがれました」（17～18）と言って偽りの証言をいたしました。ポテパルは激しく怒って、ヨセフを王の囚人をつなぐ獄屋に投げ入れてしまいました。

執事から囚人に、またヨセフの人生は逆転しました。ところが不思議なことに、普通の少年ならこの辺で絶望して、自殺するところでしょうが、彼はこの火のような試練に耐えて、牢獄の中で、実によい証しをたてたのです。黙々として、絶望することなく、彼は牢獄の中でも、真実に生きた。彼は他の囚人たちに仕えた。主は、彼のなすところを栄えさせられた。獄屋番は獄屋にいるすべての囚人をヨセフの手にゆだねたと22節に書いてあります。何という信頼、信用でしょう。事情境遇は問題ではないのです。

この勝利の秘訣は、一体何でありましょう。この勝利の秘訣を私たちも身につけたいですね。その秘訣が2節、21節、23節にはっきりと、くり返し記されています。「主がヨセフと共におられたので」

主が共におられる、何と単純なあっけない秘訣でしょう。凡人は、この秘訣を、単純すぎると言って馬鹿にして耳を傾けようといたしません。非凡な人とは単純なことを真面目に信じて、実行する人です。偉大は単純にあります。生きた信仰であり、証しです。こういう信仰を日曜学校の子供たち、ジュニアの子供たちに植えつけるべきではないでしょうか。

取って付けたような信仰でなく、本当にその人の血となり、肉となった、身についた信仰です。肉の父母を離れても、天の父なる神が彼と共にある、どんな場所にでも、どんな境遇にでも、神は共におられることを、ヨセフ少年は証ししたのです。すばらしいではありませんか。本国か異国か、恵まれた家庭か、他人の家庭か、両親が共にいるか、いないか、奴隷か、囚人か、そんなことは問題ではない。人生において、最も重要なことは、主が共におられるかどうかということではないでしょうか。これが、私たちを幸福にするかどうかを決定します。皆さん、牢獄の中も、主が共におられるならば、そこが天国です。厚木伝道所も、こういう借家(四畳半二間)ですが、問題は、借家か、設備の整った会堂かの問題ではない。真に問題なのは、私たちが、主が共におられるという信仰を持っているか否かです。

事情境遇に私たちは、しばしば左右されるのですが、主が共におられるという信仰があるならば、どのような境遇に置かれても、心に喜びが尽きない、平安がやどるでしょう。人々の信用を得ることができるでしょう。私たちの事情境遇を逆転させることができるのですね。

裏切りの試練

四〇章に入りますと、ヨセフが牢獄の中で、再び夢を解く物語が述べられています。ある日のこと、給仕役と料理役の長が、牢獄に入ってきました。ところが、この二人がある夜、不思議な夢を見たのです。この二人の夢をヨセフが見事に解き明かしました。23節を見ますと、シャバに出たら、何とかしてあげようと言った給仕役が、ヨセフのことを忘れてしまったと記されています。ヨセフは裏切られたのです。しかも四一章1節には「二年の後」とありますので、二年もの間、友に裏切られて、牢獄に放置されていたのであります。ああ、非情！　普通の人なら、この辺で神も仏もあるものか、と言ってやけになるところでしょう。ヨセフだって相当の精神的打撃を受けたと思いますよ。皆さん、牢獄の中で初めてつかんだチャンスでしょう。今度こそ、無罪が証明されるとヨセフは思ったでしょう。ところが、給仕役の長にヨセフはだまされた。皆さん、愛する者からだまされたことがありますか。裏切られた経験がありますか。これほどつらいことはありませんよ。私も何度か、そういう経験があります。夜も眠れないような打撃を受けます。イエスも弟子たちに、最後の土壇場で、裏切られました。つらかったことでしょうね。

人間は裏切られ、しかもその裏切りを信仰によって乗り越えてこそ、一人前の信仰者に成長するんですね。裏切られても、主が共におられるという信仰を持つことができますか。普通だったら、皆さ

ん、人間不信に陥るところでしょう。誰も信じられない、この世は暗黒だと言って、酒でも飲んで堕落するか、病気になってしまうか、寝こんでしまうところですね。けれどもヨセフ少年は、この苦しい試練にも耐え、信仰を失うことなく、真実に、主が共におられることを証し続けたのです。これは、大変な信仰ですよ。口先でペラペラ伝道しても、こういう試練に耐え、神の愛を証し続けるという生活の証しがなかったら、その伝道は無益ですね。人々は、私たちを信用しないでしょう。信頼のないところに伝道があり得ますか。私たちの人格を通してしか、聖書の真理は伝えられていかないのです。信頼関係を築きあげることが、伝道の先決問題でしょう。そうですね。信頼関係がある時に人々は、私たちの語ることを素直に受けいれてくださるのであります。

ヨセフ、パロ王の夢を解く

どういうわけか、ヨセフと夢は、切っても切り離すことができない関係を持っています。

二年の後、エジプトのパロ王が夢を見たのです。そして国中の学者、賢者に夢を解かせようとしたのです、駄目でした。その時、幸いにして給仕役の長が、ヨセフのことを思い出しました。皆さん、真実に生きてゆくなら、神はいつかチャンスを与えてくださる。その事を信じようではありませんか。そして王と国中の知者との前で、見事に、ヨセフは王の夢を解きました。その時のヨセフの態度が、実にすばらしいですね。手柄を自分のものとせず、この夢を解いたのは私の信じている神です、私が

牢獄につながれている時にも共におられた主がこの夢を解いたのです、と栄光を神に帰しました。これが本当の証し、本当の伝道ですよ。私たちは、しばしば神の恵みによって手柄をたてさせていただいた時、人々にそのことを認めてください、私たちを賞賛してくださいと、神を忘れ、いかにも自分の能力、手腕でそれを成したように自分を誇るのです。ですから証しにならない。伝道にならない。この誘惑に打ち勝つのは性の誘惑に打ち勝つよりもむずかしいかもしれません。（パロ王の夢を解くヨセフ、写真、Gustave Doré, 1832-1883, Joseph Interpreting the Pharoah's Dream）

四一・38～39節のエジプトの王をして言わしめた言葉をごらんなさい。「われわれは神の霊をもつこのような人を、ほかに見いだし得ようか」、「神がこれを皆あなたに示された。あなたのようにさとく賢い者はない」。神に栄光を帰すことが最善の策であることを知りますね。「あなたの神があなたを賢くしているのだ」とパロは言ったのです。そして一躍にして囚人から総理大臣として任命を受けました。囚人から総理大臣へ――再び神の逆転のわざがなされました。そのときヨセフは三〇歳でした。ヨセフの立身出世物語を書き記すことがこの物語の目的ならば、ヨセフの物語はここで終わったでしょう。しかし本当の目

的は別にありました。この物語の本当の目的は、総理大臣の地位を利用して、ヨセフが、彼の十一人の兄弟たちを真の悔い改めと救いへと導くことでありました。そのことが四二章以降に述べられています。

ヨセフ、兄弟たちを悔い改めに導く

エジプト一帯にききんの手が訪れ、十人の兄たちが、エジプトの国に穀物を求めてやってまいりました。十人の兄たちは、ヨセフの足元に膝まずいて彼を拝しました。遂にヨセフの夢が実現いたしました。しかしこの時は、ヨセフが、かつて彼を殺そうとした兄たちに復讐する絶好のチャンスだったのです。日本の浪花節にも武士たちの復讐の物語が、しばしば語りつがれてきはしました。復讐をしたいという気持ちは、私たちの心の奥に根強くあるものです。けれど、このチャンスをヨセフは復讐の時には用いず、兄弟たちの悔い改めの時として用いた。ここがヨセフの最も偉いところです。悪をもって悪に報いず、善をもって報いたのです。しかも安っぽい赦しを与えたのではなく深い罪の自覚と告白に導いています。それだけではなく、罪に対する責任――罪を負うことの苦しみをも兄たちに教えようとして、ヨセフは二回にわたって策略を講じました。その策略の本当の意図は、兄弟たちを本当の罪の悔い改めとヨセフとの和解に導くことであったことが明記されています。「確かにわれわれは弟の事で罪がある。」(21節)。「もしわたしがこの子をあなたのもとに連れ帰らなかったら、わ

たしは父に対して永久に罪を負いましょう」（四四・32）とユダはヨセフに言いました。何という変わりようでしょう。四人の母たちの腹違いの兄弟たち、絶えず争い、いがみあってきた兄弟たちが初めて自分たちの罪を認め合い、お父さんを悲しませないように、むしろ罪をかぶろう、泥にまみれようとしているのです。

ヨセフの歴史解釈

その時ヨセフは、兄たちの美しい姿に打たれ、たまらなくなって、涙ながらに自分の身をあかすのです。驚き、恐れる兄たちを前に、ヨセフが恐れることはありませんと言ったのは、この物語の中で一番重要です。

「神は、あなたがたのすえを地に残すため、また大いなる救をもってあなたがたの命を助けるために、わたしをあなたがたよりさきにつかわされたのです。それゆえわたしをここにつかわしたのはあなたがたではなく、神です」（四五・7〜8）。

兄たちの罪の歴史を神の救いの歴史変えてしまっている。これは驚くべき信仰です。人間の罪の歴史の背後に、神の摂理の御手がある。人間の悪をも、善に変えてしまう神の愛、神の赦しの真理をヨセフは証言しました。これが、キリスト教をキリスト教たらしめるものだと思います。このような罪を救いに変えてしまうような神の愛、人間の愛を説いた宗教が他にあるでしょうか。小乗仏教とは、

自己の利益を考え、大乗仏教は他者の利益を考えるのだそうです。キリスト教は、自己の利益や、他人の利益を中心に考える宗教ではありません。真のキリスト教は、自己の罪の赦しと他者の罪の赦しを考える宗教であります。

キリスト教の中心は「罪の赦し」であります。これは人間の力ではできないのです。人間の罪の中に働く神の愛の力が必要です。ヨセフの物語にはまだ、罪の赦しの中心である「血」の思想は出てきません。またこの血は、動物の血ではなく、苦しめる僕としてのメシアの血というイザヤ的な贖罪論は展開されていません。しかし兄弟たちの罪を黙々として負っていく苦しめる僕の姿、その成就としてのイエス・キリストの十字架を負う姿を、ヨセフの中にかいま見ることはできます。ヨセフをねたみ、迫害し、殺そうとまでした敵の罪を赦し、しかも彼らの罪の告白を、悔い改めへと導いたヨセフの信仰と愛と知恵は、イエスの十字架の信仰と愛と知恵の原型ではないでしょうか。

このような神の愛こそ憎しみ合い、争い合っている私たちの家庭、職場、社会——世界に平和をもたらすものではないでしょうか。キリスト教と兄弟たちの心を全く造りかえてしまう力を持っているのであります。かくて、初めてヨセフの家族に平和がくるのです。兄弟たちが赦し合い、感謝し合い、賛美する声を聞くことができるようになったのであります。これほど美しい家庭が他にありますか。

ヨセフの最後の夢

ヨセフの本当のそして最後の夢は、兄弟たちの罪を赦し続けることであり、先祖アブラハムの幻に生き続けることでありました。何と高尚な、理想の高い、内容のある、息の長い夢ではありませんか。

父ヤコブの臨終の時がやってきました。そのときに、ヤコブはヨセフに遺言を残します。「あなたの兄弟たちはあなたに悪をおこなったが、どうかそのとがと罪をゆるしてやってください」（五〇・17）。そのときに語られたヨセフの言葉は、創世記の中でも圧巻であります。「『あなたがたはわたしに対して悪をたくらんだが、神はそれを良きに変らせて、今日のように多くの民の命を救おうと計らわれました。それゆえ恐れることはいりません。わたしはあなたがたとあなたがたの子供たちを養いましょう。』彼は彼らを慰めて、親切に語った」（五〇・20～21）。

皆さん、一時的に人を赦すことはできるかも知れません。しかし生涯赦し続けることはむずかしいことです。ヨセフは一一〇歳まで生きました。死ぬときまで、兄弟たちを赦し続けたのです。驚くべき愛ではありませんか。これが、彼の生涯の秘訣です。逆転また逆転のわざを引き出した力であります。

ヨセフの夢は、家族の救い、家族の罪の赦しに終わるものではありませんでした。彼は、さらに民族的、世界的罪の赦しの希望に生きていたのであります。次のヨセフの死に臨んでの言葉は、そのことを雄弁に物語っております。「わたしはやがて死にます。神は必ずあなたがたを顧みて、この国か

ら連れ出し、アブラハム、イサク、ヤコブに誓われた地に導き上られるでしょう」（五〇・24）。これが、ヨセフの最後の夢でした。何と偉大な、世界大の夢に生き抜かれたことでしょうか。

ヨセフは、一七歳のときに見た夢を一一〇歳まで持ち続けました。どんな困難、試練、つまづきがありましても、主が共におられるという信仰、主が罪を救いに変えてくださるという信仰に生き続けたのです。そして遂にエジプトの総理大臣となり、その地位を利用して、彼をかつて殺そうとした兄たちを真の救いに導きました。生きた証しが、生活の中でなされる時に、最も困難な家族伝道にも成功することができます。

私は二、三日前、茅ケ崎教会の榊原 寛先生のご次男、義也君（六歳）が自転車に乗っている時、ダンプカーにまきこまれ、即死されたという知らせを受けました。びっくり仰天しました。私は、昨日葬儀に参列させていただきましたが、涙の葬儀でした。二百人以上の人たちが集りましたが、わずか六歳で、すばらしい証しをして天に召されたのです。日曜学校でも、家庭でもよい証しをされ、将来牧師になると言っておられたそうです。運転手のミスで、一瞬の間に天に召されてしまったというのです。榊原先生は、涙ながらに、なぜ私だけにこのようなむごい不幸が起ってしまったのかわからない。けれども神はこの不幸を必ず益に変えてくださると信じる。私の生涯にとって、教会にとって、息子の死が益に変えられるという証しをしたいとごあいさつされました。私は感動して帰って参りました。

生活の中の証し、特に問われるのは災がやってきた時、試練の時、神の愛、真実、摂理を生活の中で証しすることであります。万事を益としてくださる神を頭で知っているのではなく、身をもって体験的に知っているでしょうか。身をもって体験したときにこそ、神は、奇跡のわざをなしてくださるのであります。兄弟、親族を救いに導くことは大変むずかしいことです。生活の証しが要求されます。兄弟たちの悪意に、善意をもって報いることが必要です。

十字架の主が共におられるという信仰に立つときにのみ、親族に対して、生活の中で、キリストの愛と赦しの福音を証しできるのであります。

（一九七七年五月二二日の礼拝説教）

＊榊原寛先生の証しを読むことができます。http://d.hatena.ne.jp/shuichifujii/20040508/p1

証し（2）口による証し――伝道（マタイによる福音書二八章18～20節）

わたしは、天においても地においても、いっさいの権威を授けられた。それゆえに、あなたがたは行って、すべての国民を弟子として、父と子と聖霊との名によって、彼らにバプテスマを施し、あなたがたに命じておいたいっさいのことを守るように教えよ。見よ、わたしは世の終りまで、いつもあなたがたと共にいるのである。（18～20節）

伝道とは何かと言うことが最近問い直されています。今までは、伝道とは「イエス・キリストの福音――よき音信――を伝えること、宣言することである」と定義されてきました。信徒の方々は、救われた恵みを証しする――それが伝道であるというように単純に考えてこられたのではないでしょうか。宣教師の先生方は、かつてそういう理念に従いまして、福音十字軍というような伝道隊を結成いたしまして一軒、一軒トラクトを配布し、天幕集会を開きました。それで伝道はすんだと考えました。ビリー・グラハム博士などは、世界中で大きなクルセードを開きまして、十万、二十万という人々をスタジアムに集めまして、イエスの福音を伝え、悔い改めを迫り、決心者を募りました。多くの方々

が決心をしましたね。何人の人々が救われましたと派手なことを言われる。けれども問題は、その決心を表明した人々が、そのスタジアムを去ってからどうなったかという問題です。しばしばそういう方々は教会にも結びつかず、一時的にスタジアムで手をあげて決心したという行為で終ることが多かったのであります。

こういう伝道の仕方に対する反省に基づき、最近、世界的な運動として「教会成長運動」が展開されつつあります。この運動の本山は、アメリカのカリフォルニア州にありますフラー神学校の教会成長学部であります。この運動の中心人物は、マック・ギャバラン博士であります。実は、私はそのフラー神学校に一昨年、第二回目の留学をいたしまして、七か月間、教会成長学を学んで参りました。病気で、途中で帰ってきましたが、しかしこの七か月間は、非常にすばらしい学びのときでした。そのときに、マック・ギャバラン博士が書かれました『教会成長の理解』という書物を読み、伝道についての新しい定義に触れ（34頁）深い感銘を受けました。博士は、伝道を次のように定義していました。「イエス・キリストの福音を宣言し、さらに人々がイエス・キリストの弟子となるよう説得し、そしてそれらの人々が教会の責任ある会員となるように導くことである」。伝道というものが、非常に総合的に定義されていることを私は知りました。天幕集会を開く、クルセード的な大きな特別集会を開く、それは伝道の入口にすぎないということです。

伝道の中心——弟子訓練

伝道の中心は、一体何か。それはイエス・キリストを信じる、罪を悔い改めるだけではなくイエス・キリストの弟子として、キリストに従い続ける——キリストの弟子を造る——これが伝道の中心であります。私はキリストの弟子ですと言いながら、教会に結びつかない方々がおられますね。それどころか教会を否定する方々がおられます。それに対して、マック・ギャバラン博士は、キリストの弟子を造るだけではなく、その弟子たちを教会に結びつけ、教会において責任ある会員として、教会の重荷を負っていくことができるまで導くことが伝道であると主張しているわけです。教会を中心とした伝道であることは明らかであります。ただ回心者を造るということが、伝道の最終目的ではない。それらの人々がキリストの弟子として成長してゆくことができるようにする。——キリストの弟子造りということを伝道の中心にしていることは明らかであります。

教会の第一の使命——伝道

伝道とは何かをもう一度、私たちは御言葉から考え直すことが必要ではないでしょうか。

先程、司会者の方にお読みいただきましたマタイによる福音書二八章19節をごらんください。これは、余りにも有名な、死からよみがえられたイエス・キリストの弟子たちに対する宣教命令であります。この御言葉に従って宣教師として世界中に出て行った人々は、数えることができない程、多いのであります。世界の歴史、教会の歴史に大きな影響力を与えてきたお言葉であると言っても過言ではないでありましょう。

「それゆえに、あなたがたは行って、すべての国民を弟子として、父と子と聖霊との名によって、彼らにバプテスマを施し、あなたがたに命じておいたいっさいのことを守るように教えよ。」これが皆さん、教会の第一の使命であると言われているのであります。教会の第一の使命、務めは、伝道であります。第二の使命は、教育、第三は奉仕であることを主イエスは、マタイによる福音書の四章23節において明らかにされています。これは、教会の三大使命です。このうち最も大切な使命は伝道であり、その中心は、弟子造りであります。そのことをマタイ一九章28節が明らかにしていると思うのであります。日本語では、行って、バプテスマを施し、教え、という表現が全部命令形のような印象を与えるのですが、それは誤りです。原語であるギリシア語では、命令形はたった一つ、弟子としなさいというお言葉だけであります。この命令形が不定過去という特別な時制になっています。決定的な形で弟子を造りなさいと主イエスが強調されたことが明らかであります。他の動詞は全部分詞形で、動作が進行中であることを表わしています。弟子を造るために出てゆけ、トラクトを配れ、伝道集会

を開け、バプテスマを施せというのであります。

すべての国民に

あなたは、今までにキリストの弟子を何人造りましたか。私たちの第一の使命は、キリストの弟子を造ることです。

罪を悔い改めてキリストを信じる、そこからしかキリストの弟子となる第一歩は始まらないでしょうが、そこで終ってはならない。そこから始まるのです。一切を捨てて、キリストの十字架を負い、イエスさまに従ってゆく。そしてイエスさまのように変えられてゆく。聖書六六巻の中に証しされている実に偉大なイエス・キリストの全体像に似せられてゆく、それがクリスチャンの生涯の最終目標であります。しかも皆さん、ここには「すべての国民」をとあります。この「国民」という言葉を私たちはしばしば見逃しています。

キリスト教は確かに個人の救いを中心としています。けれども私たちの伝道の目標は、個人の改心に終る筈がない。すべての国民の救いへと発展していかなければならない。日本国民全部の救いということを考えたことがありますか。厚木は日本の一部に過ぎない。日本は、すべての国民の中の一つの国民に過ぎないのです。戦前の軍国主義によって、日本はアジアの諸国を侵略いたしました。アジアの同胞を私たちは、自分の私利私欲のために殺しましたね。多くの人命を奪い、略奪をいたしました。

罪の限りを尽しました。それに対する悔い改めとして私たちは、キリストの和解の福音をアジアの諸国に伝える責任がありま。『すべての国民』ということは、アジアだけではなく、ヨーロッパ、アフリカ、アメリカ、ブラジル、中国、インド、ソ連を含むのです。キリストの福音は、人種、国境、言語を越えて、キリストを信じるすべての人を救うことができるのであります。

すべての造られたもの（単数）

ところがマルコによる福音書一六章15節には、同じ命令が、違った表現で記されています。「全世界に出て行って、すべての造られた者に福音を宣べ伝えよ。」すべての国民が、すべての造られた者と言い変えられています。今朝、英語の聖書を調べてみましたら、すべての造られた者は、every creature となっていました。強調点は個人です。ひとりびとりです。マタイでは、強調点は全世界、全国民――全体に置かれています。

日本全国に福音を伝えると言うと勢いがいいし、また伝道もし易い気がします。テレビ伝道などをしていますと、日本全体に福音を伝えたように思える。けれどもマルコは、個人、一人一人と「くぎ」を打っているのです。個人に福音を伝えて満足している人に対しては、マタイは世界全体に福音を伝えなさいと言っているのであります。み言葉はすばらしいですね。救われた個人一人々々を基本にしていますが、それに終らないで、一人から始まって国全体、国だけではない、その国を通して世界全

体に福音を宣べ伝えてゆくことが必要ではないでしょうか。

罪の赦しを得させる福音

さらに皆さん、ルカによる福音書の同じ戒めを今朝読んで見て、私はビックリしました。ニュアンスがまた違っているのです。皆さん、気がつきましたか。『そしてその名によって罪の赦しを得させる悔い改めがエルサレムから始まって、もろもろの国民に宣べ伝えられる。』

皆さん、一人びとりに、全世界の人々に何を伝えるのですか、イエス・キリストの福音——けれどもその福音の中心は何ですか。ここにはっきりと書いてあるでしょう。罪の赦しを得させる悔い改めの福音です。罪の赦しを与えることができるのは、キリストの福音だけであります。仏教、その他この世には多くの宗教がありますが、本当の罪の赦しの確信を与えることができるのは、キリストの福音だけではないでしょうか。イエス・キリスト以外に私たちの罪の赦しを得させることのできる救い主はおられません。これが、キリスト教の独自性であります。仏教には、悟りの教えがありますが、十字架はないでしょう。ユダヤ教には、来るべきメシヤに対する待望はありますが、十字架の福音がありません。罪の赦し、罪からのきよめの中心は十字架であります。罪を悔い改めてイエス・キリストを信じる時に、私たちは罪の赦しをいただくことができるのです。莫大なお金を手に入れましても、どんなに高い地位を得ましても、また大きな権力を手にいたしましても、罪の赦しという驚くべき宝、

喜び、救いを手にすることはできないのであります。

この福音を一人びとりに、そして世界中のすべての国民に伝えていくことが、教会の第一の務めです。これは、教会だけに与えられている務めです。学校で、あるいは政府の機関で、病院、レストランで、この務めを果すことはできないのです。これは、教会だけに与えられた独自の使命です。罪の赦しが得られないために、良心の呵責に苦しみ、精神分裂症になる方もおられます。罪の赦しが得られないために、人間関係がもつれ、苦しんで自殺する人もいます。こういう人たちは、病院に行きましても、治療のしようがありません。電気ショックぐらいでは効かないのです。せいぜい鎮静剤を与えるぐらいがせきの山です。医者にも、薬にも罪を赦す権威が与えられていないからであります。イエスさまだけが、罪を赦す権威を持っておられるのです。

個人から国家へ、国家から世界へと拡がっていく福音宣教の務めこそ、教会に与えられている偉大な使命であります。私たちの伝道のビジョンは、聖書に従っているでしょうか。弟子造りを目ざしていますか。教会に人々を導くだけではない、それらの人々が洗礼を受けて、成長し、教会員として責任を果す、責任あるメンバーとなるまで、私たちは伝道の手を休めてはならないのであります。

内村鑑三先生の例

個人だけではない、厚木だけではない、日本全国の救い、世界の救いを目ざしているでしょうか。

問われますね。内村鑑三先生（写真、一八六一年〜一九三〇年）のお墓が、私が一番最初に開拓いたしました府中教会の近くにある多磨霊園の中にありました。しばしば私は散歩がてら行ってみたものです。そこには先生が生前一番愛された言葉が書いてありました。恐らく、これは先生の生涯かけての人生目標であったのではないかと思われます。英語で書いてありました。

I for Japan, Japan for the world, The world for Christ, and All for God.

私は日本のために日本は世界のために、世界はキリストのために、すべては神のために、とでも訳しましょうか。

皆さん、何と大きい、偉大な言葉でしょう。内村先生が、いかに日本を愛されたか、ご存知でしょう。熱烈な愛国者でした。けれども日本以上に愛されたのは、イエスでした。彼は当時、すでに世界的な宣教の幻を持っていました。そして単身アフリカに乗り込んで行きました世界の聖徒と言われたシュバイツアー博士の医療伝道をまっ先に助けたのでした。彼は献金を送り続けたのです。あのアフリカの黒人の医療伝道のために。一高生、東大生を相手に、新築の柏木の家庭を開放し、福音を伝えました。有名なロマ書講義、ヨブ記などは、先生の書かれた傑作です。先生は、その他多くの聖書の注解書を書かれました。

皆さん、キリスト教が伝えられてまだ間もない頃でした。恐らく先生は、今日東大の教授たり得る頭脳を持っていたでしょう。その一流の頭脳を神におささげして、キリストの福音を日本のため、世界のため、そしてすべては神のために伝えようと全力を尽されました。これ程の伝道の目的、人生の目的をお持ちですか。しかもキリストの福音を証しし、キリストの福音を伝え、キリストの弟子を造っていくことが、教会のそして、クリスチャンの第一の務めであることを充分理解しておられますか。内村先生は、多くの有能な弟子を産み出されました。元東大総長・南原繁先生、矢内原忠雄先生、藤井武先生、塚本虎二先生、その他、多くの優秀な弟子を造られました。そして内村先生のお弟子さんたちが、また有能なお弟子さんたちをつくっておられます。私たちも優秀なお弟子さんたちを造りましょう。

アメリカで学んだもの

マック・ギャバラン博士は、『教会成長の理解』という分厚い本を記していますが、私はその本をアメリカで読み、非常に深い感銘を受けました。その本に、次のような文章が書かれてありました。「かくて宣教における今日の最高の務めと機会と必然性は、この地上の受容的な人々が増加しつつあるところに、教会を倍増させることである。」

私は、この文章を読みましたときに、ハッとしました。それ以上読めなくなりました。私は、一八

歳のときに神学校の教師として奉仕を始め、この一五年の間、神学校教育を第一としてきました。それは、優秀な伝道者を産み出すことが、日本の教会の第一の急務であると信じたからです。この確信に間違いはありません。しかし、教会が必要としているものは、神学、知識に満された伝道者ではなく、聖霊と信仰と知恵に満された伝道者であります。よりよき神学校の教師になるためにも私自ら、これからの生涯を、伝道と宣教を第一にしたものにしよう。そのときにこそ、教会に必要な伝道者を教育できる。まず、自分自身が、教会に住み込んで、伝道、牧会に全存在を打ち込もう、そう決心しました。英語のパラマウント(paramount)という小さな言葉が、私の心を強く打ちました。パラマウントとは、最高の、至上のという意味を持つ単語です。私は、今まで、伝道することを私の至上の最高の使命としてきただろうかということが、主から問われたのであります。私は、主の前に悔い改めました。主よ、ただちに私の姿勢を改めさせていただきます。これからは伝道を私の残った生涯の至上の使命とさせていただきますと祈りました。この祈りは今も続いています。厚木への任命をお受けいたしましたのも、この祈りがあったからであります。一日も早く、厚木に会堂を与えていただいて、会堂に住み込んで、本腰を入れて伝道させていただきたいものと考えています。

もう一つ、アメリカで三日間、フラー神学校の図書室にこもりきって朝から晩まで夢中で読んだ本があります。それは、有名なマルティン・ロイド・ジョーンズ(次頁写真、David Martyn Lloyd-Jones,

1899～1981）という人が書きました『説教と説教者』（小杉克己訳、いのちのことば社、二〇〇〇年）という本です。その本の第一章に「説教の第一位性」という題がついていました。その第一章の始めのところに次のような文章が書かれてありました。

「私にとって説教のわざは、何人もかつて召され得た最大のそして最高のそして最も光栄ある召命である」。

この文章も私に強い印象を与えました。ロイド・ジョーンズ先生は、医者であられましたが、主の召命をいただいて医者としての輝やかしい生涯を全部捨てて、魂の医者になられた方です。ただちに神学校に入り、卒業後は世界でも有数な英国のウェストミンスター・チャペルの牧師になったのです。先生の前任者は、かの有名なキャンベル・モルガン博士（George Campbell Morgan D.D., 1863～1945）でした。礼拝に何千人も集る教会で二〇年間も牧師として実にすばらしい働きをされたのです。そうい

う実績のある先生が書かれた文章ですので、余計私の心を捕えました。福音を伝えることが、ロイド・ジョーンズ博士の最大の喜びであり、光栄であり、使命であったのであります。皆さんにとって、キリストを伝えることが、それ程大きな意味を持っていますか。まだ自分の仕事とか、家族、趣味、そうしたものが第一の関心になっていませんか。仕事も家族も趣味も、一切のものが、キリストの福

音のためにあるのです。

キリストの弟子の第一の資格——自己否定

キリストの弟子になるために、主が私たちに第一に求められたことは何であったでしょうか。それは、おのれを捨てることと、十字架を負うことと、そしてキリストに対する服従です。主はルカによる福音書九章23節において「だれでもわたしについてきたいと思うなら、自分を捨て、日々自分の十字架を負うて、わたしに従ってきなさい」と言われました。おのれを捨てるとは具体的に何を意味するのでしょうか。父、母、妻、子、兄弟、畑、土地、人間が愛して止まないものであります。いつの間にかそれらが神よりも大切なものになってゆくのです。これらのものが、私たちにとって、絶対化されてゆく、最高の価値を持ってゆくのです。これを偶像礼拝というのです。これらのものが、神よりも、教会よりも、伝道よりも大切になっていくのであります。いつの間にか、すり替えが行われるのであります。キリストのためにやっていると思っているうちに、いつの間にか、すり替えが行われて、自分のためにやっているのです。しかもたちが悪いことに、私たちはイエス・キリストの聖名によってそういうことをするのです。しかも本人はそのことに気がついていない。善意の悲劇と言いましょうか。恐ろしいことです。しかしこのような偶像礼拝が行われていると聖霊の光によって知らさ

れたときに私たちは敢然として、勇気を持って、父、母、妻、子、兄弟を捨てることが必要であります。捨てることによって、実は、真の父母、兄弟、妻子を得ることになるのです。これは、逆説です。父母を捨てると言うことは、父母の価値を完全に否定せよということではありません。この世につけるものが、第一に神さまよりも重んじられる時、その第一の価値、立場が否定されなければならないということなのであります。

イエスが第一とされて、キリストにある家族、キリストにある財産、キリストにあるところの兄弟姉妹、それを神は認めておられます。モーセの十戒には、父母を敬えとありますね。捨てろとは言われていません。イエスは真に父母を敬い、愛することは、自分のために父母を利用する、父母が私たちを自分の幸福のために利用する。そういう誤った関係を捨てて、キリストのために、キリストにあって父母を愛する。父母との正しい愛と尊敬の関係を持つことだと教えられたのであります。これは、モーセの十戒の新しい、しかも革命的な解釈であります。

私は、二二歳で大学を卒業し、この近くにある高校の英語の教師として赴任する予定でした。神奈川県の教員試験にパスし、あとは、面接を受け、それにパスすれば、英語教師になるというときでした。ルカによる福音書九章23節の御言葉が、私に迫ってきたのです。祈っているとどういうわけか、この御言葉が、私の心にひびいてくるのです。お前は、この二年間、宣教師の通訳として働いてきたが、今お前が第一にしようとしているものは何か。生活の安定ではないか。自分の好きな英語を学び、

文学をやり、野球部のコーチでもして、美しい音楽をきく、快適な人生を夢見ていました。教会が私の人生の中心ではなかった。伝道や、キリストが、私の人生の中心ではありませんでした。自分が中心でした。私は、キリストを単に利用してきたに過ぎなかったのです。

その当時、私に私の愛する一人の女性がいました。将来この女性と結婚したいと思っていました。しかし、私のいたらないためでしょうか、彼女は、クリスチャンになろうとはしませんでした。そこを神は突いて来られました。お前は、イエスよりも、自分の恋人を愛していないか、お前は神よりも自分の就職を第一にしていないか。お前は、イエスよりも、伝道よりも、自分の野心を第一にしていないか。お前は、イエスよりも自分の趣味を第一にしていないか。「自分を捨て」ということは、自分にとって一番大切な恋人を捨て、就職、野心を捨てよと言うことでありました。私は一週間、祈り、考え、苦しみました。しかし最後には、この御言葉の前に降参しました。そして一切を捨てて、キリストに従う決意をしました。そして文字通り、恋人、家族、就職、趣味、野心をかなぐり捨てて、献身し、間もなく聖書学院に入りました。

キリストの弟子の第二の資格——十字架を負いて

私は二〇歳のときに、ある宣教師の先生の二年間にわたるとりなしと涙の祈りによって、ヨハネに

よる福音書一四章6節の御言葉「わたしは道であり、真理であり、生命である」によって文字通り、死の中から救われました。家庭にいろいろな悲劇が続き、人生に行きづまり、自殺を決意していたときに、私は「我は道なり」とおっしゃるキリストと出合い、この御方を私の人生の唯一の道として、目的、意味として信じようと決意して、クリスチャンになりました。すぐにその宣教師の先生の通訳として用いられましたが、間もなく自分が通訳していることと自分がやっていることが、ちぐはぐであることに気がつき、苦しみました。自分の偽善にいや気がさし、通訳をする資格は自分にないと思い、宣教師の先生に、そのことを伝えて帰宅し、ガラテヤ書を読んでいました。そのときにガラテヤ書二章19～20節の御言葉をたまたま読み、それ以上進むことができなくなりました。「わたしはキリストと共に十字架につけられた。生きているのは、もはや、わたしではない。キリストが、わたしのうちに生きておられるのである。しかし、わたしがいま肉にあって生きているのは、わたしを愛し、わたしのためにご自身をささげられた神の御子を信じる信仰によって、生きているのである。」何度も何度もこの御言葉を読みました。暗誦するまで読みました。そして、偽善からの解決は、キリストの十字架と復活を信じる以外にないことを信じました。

主イエスは、私の偽善の罪のために十字架で死んでくださった。そして私がもはや偽善の罪を犯すことがないために、死の中から復活して、今も生きておられる。私の心の中に復活の主が生きておられると信じました。私は、この御言葉によって、偽善の罪から救われました。そして再び、勝利をも

って通訳のご用を続けさせていただきました。しかしこの経験をして二年後今度は「十字架を負え」と迫られたのです。自分の罪からの救いのために、キリストの十字架を負えと迫られたのです。

人生の意味も、目的もわからずに、虚無の中に生きている多くの青少年のために、学生たちのために十字架を負って、福音を伝えよ。それをお前の第一の務めにしなさい。英語などは誰にでも教えることができる。けれども十字架は、誰にでも負えるものではない。

「でも神さま、伝道者の生涯は、貧乏で、悲惨です。一生懸命奉仕をして、人々から誤解され、批判され、悪口を言われます。そんな生涯はまっぴらです。」

けれども祈れば祈るほど「十字架を負いて我に従え」という御言葉がしっかりと私の心を捕えて離さないのです。その上、ローマ人への手紙一二章1節の御言葉「あなたのからだを生ける、聖なる神に喜ばれる供え物としてささげなさい」が私に迫ってくるのです。遂に私は、十字架を負って、キリストに従う決意をしました。

決意をうながした最大のもの

私の献身の決意をうながした最大のものは、イエスの愛でした。「わたしはよい羊飼いである。よい羊飼は、羊のために命を捨てる」（ヨハネ一〇・11）という御言葉を通して、私は、宣教師の私に

対する愛を想い、またそのことを通して、キリストの十字架の愛を想いました。「だれでもわたしについてきたいと思うなら」この御言葉は、私たちの自由意志を問うている御言葉です。本当に私たちが、イエスを愛して、一切を捨て、十字架を負って、キリストに従いたいと願うならばであります。

私の救いのために、一切を、生命までも捨ててくださった主の驚くべき御愛に感謝して、私もまた、一切を捨てて、私自身の十字架――使命――を負う決意をいたしました。それから三年間、聖書学院の寮に入り、クラスに出席し、クラスの通訳をし、英語を教え、そして週末には、全国の諸教会を巡回して、通訳のご用をさせていただきました。トラクト配布、天幕集会、訪問伝道、宣教の愚かさに徹して、伝道に打ち込む特権にあずかりました。三年間、伝道また伝道、福音を伝えることが、私の喜びでした。キリストの生涯を再現することができる人、こういう人をキリストの弟子というのです。悔い改めの福音を、私たちは一人一人に、またすべての人に、日本全国、世界中の人々に伝えようとしているでしょうか。キリストの弟子造りに生命をかけていますか。これが、今朝、一番問われていることであります。

このような伝道のために、私たちは、一切を捨てているでしょうか。「我、世の終りまで、汝らと共にある」と主イエスは言われました。復活の主が、天においても、地においても、すべての権威が与えられたこの主イエスが、私たちに力を与えてくださるのであります。

(一九七七年六月五日の礼拝説教)

人格の形成と教会の形成

——東京聖書学院引退講演——

今日は、私の引退講演会のために、こんなに多くの方々にお忙しい中ご出席いただき、心から感謝いたします。28歳の時から現在に至るまで四〇年余りの間、神のめぐみと皆様の祈りによって支えられ、聖書学院での奉仕を続けさせていただき、心から感謝いたします。それと共に私は今日、この四〇数年の間、力の足りなかったことを反省し、深くお詫び申し上げます。引退してから後五年、名誉教授として東京聖書学院で教えることを許されていますので、今までの経験を活かして、自分自身と修養生の方々の人格形成のため全力を尽くさせていただきたいと願っておりますので、続いてお祈りとご支援をいただければ幸いです。

今日の引退講演は、第一部が私の人格形成、第二部がキリストの体である教会形成からなっています。個人の人格形成と集合人格である教会形成の関係は不可分離の関係にあります。個人の人格のうちにキリストの形が形成されることによって教会の中にキリストの形が形成されていきます。その意

味で個即全、全即個という関係が聖霊と信仰によって可能となるのであります。まず、私の人格形成がどのようになされてきたかを重点的に申し上げたいと思っています。

第一部　私の人格形成（幼年時代から大学まで）

私は今70歳で、一九三五年に福島県福島市松川村で齋藤一夫とフクミの三男として誕生しました。兄弟は兄二人と弟が一人、妹が二人います。上の兄二人は亡くなりましたので現在四人兄妹《きょうだい》です。私の子どもは男の子ばかり四人です。私の父親は発電所に勤めていましたので、いろいろな所を転々とし、最後に川崎にある三井埠頭株式会社の社員になり、後ほど変電所の所長になりました。3～4歳の頃私は、川崎の桜本というところに住んでいた覚えがあります。5歳の時に福島県にある飯坂温泉として有名な飯坂に移転し、小学校を卒業し、中学は二年まで飯坂中学校で学びました。

一、飯坂小、中学校時代

飯坂《いいざか》で私の人格の基礎が築かれました。飯坂は当時東北で一番有名な温泉で、温泉とさくらんぼで全国に名が知られていました。小学校五年の時に終戦となりました。それまではスパルタ教育を受け、食うや食わずやの貧しい生活を強いられました。ある時は食べるために農家に預けられ、お百姓仕事

のは、水泳と野球でした。当時は夢のない時代でしたが、私たち少年に夢を与えたのは、水泳と野球でした。私はこの二つが大好きで、小学校六年の時から水泳、陸上、野球の学校の選手でした。後日20歳の時に改心してクリスチャンになりましたが、つくづく小さい時に様々なスポーツをやっていてよかったなあーと思いました。特に野球はキャッチャーから始めて、サードで5番バッターでした。中学の二年まで野球をやっていましたが、野球部で厳しい練習をさせられ、チームプレイを叩き込まれたことはなんと幸いなことだったかと感じさせられています。家では男兄弟が四人おりましたので、ケンカでガッツが養われ、野球でそれぞれ個性を生かしてチームプレイをするという「争いと和」という相対立する二つの性格がケンカと野球で養われたことは導きでした。もう一つ飯坂での私の人格形成に大きな影響を与えたのは、飯坂の美しい自然と人情味ある風土でした。それと私の住んでいた家が、町と田舎のちょうど中間にあったためにその両方の性格を持つ人間となったように思います。

勉強の方は、戦争中は開墾とか、軍事訓練とか薪取りに山に行ったので、よく授業がつぶれました。小六から男女共学が始まり中一から新制中学が始まりました。私は元来英語を学んで海外に留学したいと思っておりましたので、英語だけは一生懸命やりました。他の学科は授業中前の方に座って一生懸命聞くだけで、野球、卓球の練習に追われていました。夜は千人風呂や万人風呂に行きましたので、夜空に輝く星を見ては、あの星の彼方に何があるのだろう。宇宙とは何か、人生とは何か、世界とは

何かといった三つの神秘についてよく考え、そういうことについて知りたいと思い、本を読む少年になりました。キリスト教とはまったく関係のない生活をしていました。戦争中は天皇陛下万歳といって戦地で死ぬことが理想であると教えられ、私の小学校の先生は自分が教えた通り、戦争に行って「天皇陛下万歳」と言って死んで行きました。朝食時には、天皇陛下の写真に向かって最敬礼し、神社の前では頭を下げ、仏壇の前では手を合わせて、何の疑問も持ちませんでした。たった一つキリスト教との間接的な関係は、野球選手の中に馬場という飯坂教会（日基）の息子がいたことでした。彼とはあまり親しくなく、キリストのキの字も聞いたことはありませんでした。

二、川崎保土ヶ谷時代・高校大学時代

父親の仕事の関係で、中二の時に家族全員が川崎の三井埠頭の社宅に引っ越しました。田舎から都会へと環境は大きく変わりました。電車に乗って、ドアが自動的に開くのが珍しくて、いつまでも電車に乗って不思議なドアを見ていました。学校は川崎駅の近くにある田島中学校でした。青山を出たピノキオとあだ名された関口先生に可愛がられ、英語が増々好きになりました。両手の手首にガングリゴンといって豆腐のカラみたいなコブができて野球ができなくなり、将来プロ野球選手になるという夢を捨てて、英語で身を立てようという夢を持ちました。高校は受験校として有名な県立川崎高校に入りました。その英語部で私は私の生涯を変えることになったレイモンド・シェルホン先生に出会

いました。英語部長の親友に誘われてシェルホン先生が川崎駅前のアメリカ文化センターで開いていた英語会話講座に出席しました。シェルホン先生の温かい人柄に惹かれて、誘われるままに駅の近くにある川崎キリスト教会に生まれて初めて行ってみました。メッセージは英語でしかも通訳付きでしたので、英語というエサにつられて18歳の時から20歳まで、忠実に集会に出席していました。

もう英語も自由に話せるようになったし、この辺で教会におさらばしようとしていた時に、私のすぐ上の兄が肺結核で入院、右肺切除という大手術を受けました。余りの心労がたたって父はある日、脳溢血《のういっけつ》で倒れて寝込んでしまいました。続いて妹が肺結核と診断され、一番上の兄も肺結核と言われました。私の家はまるで地獄のようになりました。私は当時、青山学院大学の英文科一年生でしたが、大学を辞めて働くように言われました。突然の四重の家庭悲劇に家の中は、真っ暗となり、家族が集まると一家心中の話になりました。小中高と疑問に思ってきた人生の意味について深く考えるようになっていました。大学では、サマセット・モーム（William Somerset Maugham, 1874～1965）の人生哲学という題で論文を書く準備をしていました。モームは人生などには意味などはないといいます。ではなぜ、生きているのかと問われるならば、人生とはペルシャ絨毯のようなものであって、ある人の人生は派手であり、ある人の人生は地味である。人生はニヒルであるけれども、旅行をしたり冒険をしたりする楽しみはある。しかし、そういうことをするためにはお金がいる。お金がなければ人生は一巻の終わりであるという彼の人生哲学では、この悲劇に満ちた人生を生き抜く力も希望も与えられ

ませんでした。

ある時私は、人生にまったく絶望して死のうとした瞬間、上から「われは道なり、真理なり、生命なり」（ヨハネ一四・6）という御言葉が聞こえてきました。「道と真理と生命」は、私が求めてやまない三つのものでした。このように断言できるイエスは、宣教師がいうように「神である」という信仰が聖霊によって与えられました。「溺れる者、藁をもつかむ」という心境で、イエスが神であられるならば、溺れつつあるこの私を救い、私の生きるべき真の道を示し、永遠に至る道となってくださると信じ、死から命に移されました。まもなく、バプテスマを受けて、私は正式に教会員となりました。余り聖書のことも知らない私を、シェルホン先生は通訳として使ってくださり、この奉仕をアルバイトとしてくださいましたので、私は大学を止めずに済みました。死んだ者が神の恵みと復活のイエスの生命によって生かされたという意識が強く、私は一生懸命通訳の仕事をさせていただきました。ちょうど会堂建設の話が持ち上がり、私は一夏泥だらけになって、会堂建設のお手伝いをする特権に預かりました。この通訳と会堂建設の奉仕がどんなによい訓練になったかわかりません。私は二年後卒業の時を迎え、チャペルでルーテル派の教授が「今、君たちにとって一番大切なのは、就職でもなく結婚でもない。あなたの体を神に喜ばれるささげ物として神にささげることである。あなたの体を神にささげて献身する者は立ち上がりなさい」とアピールされた時、私はすぐに立ち上がりました。そして青山の私のアドバイザーの忠告に従い、伝道者になりたければ東京聖書学院という伝道者の育成

所があるから、そこに行きなさいとのご忠告に従い、シェルホン先生とも相談して最終的には一度大きくつまずきましたが、東京聖書学院に入ることになりました。家の事情もあり、自由な立場で三年間、東京聖書学院で学び、通訳、英語教師として、また、OMSの事務所でアダムス博士の秘書として働くことができましたことは本当に幸運でした。私は、過日、天に召されたシェルホン先生とキルボルン先生、アダムス先生、車田先生を恩人として今も尊敬しております。

三、聖書学院・アズベリー時代

聖書学院で一番学んだことは、祈りと伝道と奉仕を一生懸命やることでした。十字軍の通訳を半年やらせていただき、巡回伝道、開拓伝道の喜びを知りました。あとは、生涯付き合う友人が与えられたことでした。レテー・B・カウマン婦人(Lettie Burd Cowman, 1870～1960)が書かれたミッショナリー・ウォーリアー(Missionary Warrior, 1928)を英文で読み、中田重治《なかだじゅうじ》先生(一八七〇年～一九三九年)とカウマン先生たちが、どのようにして日本伝道を始め、ホーリネス教団と東洋宣教会を作られたか、その歴史を知り心が燃えました。その当時の聖書学院は祈りと讃美と伝道精神に満ちていました。先輩たちが新宿の柏木にある聖書学院の芝生の上で車座になって、体をふりながら熱心に大声で祈っている姿が忘れられません。それと宣教師の通訳として毎週週末ごとに日本中の小さな開拓教会を巡回させていただいて、開拓へのビジョンが与えられ、また、日本では教会を形成するとはどういうことかを

深く教えていただきました。

導きでケンタッキー州のアズベリー神学校（Asbury Theological Seminary）にフールスカーラシップ・ステューデント（full scholarships student）として留学でき、多くの優れた先生方、級友たちに出会うことができました。あの広大なアメリカ中を旅行できたこと、様々なアルバイトを経験できたことは大きな恵みでした。そしてシュルツ先生、アモス先生、デュプリー先生方と共に机を並べて学んだことは大きな特権でした。グリンリー博士からギリシア語を、クーン博士から宗教哲学を、ターナー博士から聖書解釈を、リビングストン博士から旧約聖書、ローズ博士から聖書神学を、メービス博士から牧会カウンセリングを、アーネット博士から教義学、ウェスレー神学、キルケゴールを、スタンガー博士から説教学を、コールマン博士から伝道学を学ぶことができたことは幸いでした。そして二年生の時にロサンゼルス教会で学生でありながら結婚式を挙げることができたことは忘れることができません。その時の司式者は車田秋次《くるまだあきじ》先生（一八八七年～一九八七年）でした。

アズベリー神学校で、神学全般に対する基礎教育を受け、アメリカ、世界で用いられている優れた説教家、牧師、宣教師に触れ、世界中から留学している留学生と国際的な交わりを持つことができたことは、私の人格形成に大きな影響を与えました。霊的で偉大な学長マックフィター博士、名説教家にして学長であられたスタンガー博士は、私の人格形成に大きな影響を与えました。つづく私たち伝道者の人格形成にとって最も必要なことは偉大な神に用いられている人物にでるだけ多く出会うことで

あると思われています。聖書学院は、世界に目を向け、世界的なビジョンを持ち、ウェスレーの精神と神学に立ってできるだけ多くの色々な分野で用いられている偉大で忠実な神の僕に出会うチャンスを修養生たちに与えることが重要であります。藤巻 充先生のような方がおられますので、色々な言葉を身につけることがこの学院でできます。また世界的なウェスレー神学、聖化の神学を小林和夫先生から学ぶことができます。また若い先生方から最新の世界の各分野の神学を学ぶこともできます。様々な分野で活躍できる人材をこの学院で養成すること、そしてウェスレアン・アルメニアンの信仰と神学に立った神学大学院を建設して世界中で活躍できるアズベリーやエモリー（Emory University）やデューク（Duke Divinity School）のような神学大学院を建設することが松村悦夫先生（日本ホーリネス教団第三代委員長）や今野孝蔵先生の夢であり、私の夢でした。

四、厚木木教会時代

東村山の学院から厚木に住居を移し、牧師館に住み込んですでに二九年経ちました。私はここで本当の意味での教会形成を、人格形成を厳しい現実の中ですることを体で学びました。一筋縄ではいかない現実は教会にも家庭にもありました。経済的問題、日本文化の問題、神学、思想の問題、牧会伝道の問題、家庭の問題、健康の問題、厚木では戦いの連続でした。最初の戦いは自分との戦いです。長い時間かけて、これらの様々な諸問題との取り組みを通してようやく光が見えてきました。私の人

生、人格、教会形成は、これからです。私の母は今102歳で元気です。引退から本当の人生と人格、教会形成、それは世界形成と宇宙形成に通じるものですが、始まります。健康を害し、様々な弱さと障害を持って、世界が違って見えてきました。イエスの十字架で受けられた傷が、私たちの傷ついている心と体を癒し、傷ついている世界と宇宙を癒すことができるのです。復活のイエスの体には、今も十字架で受けられた傷がついているのです（十字架につけられ給《たま》ひしままなるイエス・キリスト：ガラテヤ三・1）。十字架で傷を負われたイエスは、黄泉にまで降りられて、私たちと共に黄泉の苦しみを苦しまれました。それほどに孤独に悩み絶望に打ちひしがれている私たちを、主イエスは愛しておられます。そして黄泉の底より十字架の傷を持ったまま、天の高きところにまで、私たちを引き上げてくださり、昇天の栄光に輝かせてくださいます。ハレルヤ！

そしてイエスは、私たちを神の国に永遠に神と共に行かせて下さるのです。この希望がどんなに打ちひしがれた時も私を支えてくださいます。この希望こそ、私の霊の力の最大の秘密です。

第二部　キリストの体である教会の形成

一、聖書学院修養生時代（一九五七〜一九六〇）

私の人格形成と教会の体の形成は密接な関係の中にあります。特にキリストを私の主として信じて

献身し、全くキリストに従い始めた私の聖書学院時代からアズベリー神学校時代までは、私のキリストにある基礎的な人格形成の時でした。しっかりとした教会形成が出来るためには、まず伝道者の人格の中に、キリストのみ形がしっかりと形成されることが必要です。私の人格の中にいかにしてキリストのみ形が形成されていったかをごく簡単に申し上げさせていただきます。

献身して三か月ほど、シェルホン先生の友人の教会で通訳として奉仕をさせていただきました。その教会の先生は、大変信仰深く伝道熱心な先生でした。病気になっても医者には行かず、祈って信じて神に癒していただくという徹底した神癒の信仰に立っていました。また伝道者になる資格は聖霊のバプテスマと異言の経験があればよい。神学教育はいらないというラディカルな信仰の持ち主でもありました。私はどうしてもこの宣教師のそういう考えが聖書的とは思えず、ついにある日のこと、「私はあなたの考え方が聖書的だとは思えませんので通訳をやめさせていただきます。」と申し出て母教会に帰りました。何が真理であるか分からなくなり、一か月ほどシエルホン先生の書斎で布団をかぶって寝ていました。ふと先生の棚を見たら、ジョン・R・ライス（写真、John R. Rice, 1895～1980）という人の『キリストは神なりや』という英語の本が目に入り、その本を一気に読み、やはりキリストは神であられ、同時に人であられるという信仰がよみがえってきまし

た。もう一度、キリストは私の生きるべき唯一の道であり、真理であり、命であるという確信に立てるようになりました。そしてシェルホン先生の親友であられた東洋宣教会の宣教師であられるアーネスト・J・キルボルン先生（Ernest Juji Kilbourne）の通訳として、新宿の柏木にあった東京聖書学院の寮に入れていただきました。まず、私はキルボルン先生とダイヤ先生の通訳として那覇開拓と沖縄諸島の巡回伝道に行くように言われました。

那覇開拓は、三週にわたる天幕伝道がなされ、私は宣教師の先生方と十字軍の隊員の方と生活を共にし、通訳をし、オルガン代わりにバイオリンを弾いて、一生懸命に伝道させていただきました。本部からOMSの最高責任者であられるアダムス博士が来られ、天幕伝道で救われ、導かれた人たちの集会を開きましたところ、100名以上の方々が集まり、驚きました。東京から水口先生御夫妻が伝道者として派遣され、最初の那覇教会が誕生しました。その後、私たちは久米島とか小さな沖縄の島々を巡り歩いて、トラクト配布し、諸集会を開きましたところ、たくさんの人たちが集まり、熱心に福音に耳を傾けてくださいました。沖縄の人たちは純粋で素直でした。数か月後、私は聖書の知識不足と伝道者としての基礎訓練の必要を感じて東京に帰り、聖書学院に選科生として入れていただきました。私の家の事情で修養生でありながら、宣教師のクラスの通訳をしたり、週末は東洋宣教会の通訳として日本全国の開拓諸教会を巡回して、路傍伝道、伝道集会で話をしたり、通訳の御用をさせていただきました。

この他に東洋宣教会の事務所で修養生や先生方のレポートを翻訳し、タイプしました。さらにアダムス先生の通訳と秘書の仕事をしました。またクラスで英語を教えるように言われ英語を教えました。その他頼まれて宣教師に日本語を教え、中央教会の信者さんに英語の家庭教師をして学費、寮費をまかない、さらに経済的に困っていた私の家に送金していました。なんと当時の経済的収入は大学卒の一か月の収入より上でした。ヤーウェ・イルエ（神備え給う）。神の義と神の国を求めよ、そうすれば必要な物は与えられるのです。

三年間、キルボルン先生、アダムス先生その他の宣教師の先生方、車田先生、米田先生、山崎先生親子、野辺地先生に大変お世話になりました。食堂では、宇井先生、野村のおばさんにお世話になりました。瞬く間に三年が経ち、車田先生、アダムス先生の推薦とキルボルン先生と二人のご兄弟のお世話によりアメリカのケンタッキー州にありますアズベリー神学校（Asbury Theological Seminary）から全額奨学資金をいただき留学させていただきました。

二、アズベリー神学校時代（一九六〇～一九六三）

アズベリーでの最初の三か月は大変でした。クラスでの英語がよく聞き取れないのと寮生活、食生活、勉強の仕方が日本とは違ったのでカルチャーショックを受けました。しかし少しずつ生活に慣れ、英語も聞き取れるようになり、勉強が楽しくなりました。奨学資金は学費と寮費のみでしたので本代、

小遣いはアルバイトでまかなわなければならず、アルバイトをいたしました。夏もシカゴやキャンザス州やノースカロライナ州、ロサンゼルスに行ってあらゆる種類のアルバイトをさせていただきました。二年生の時にロサンゼルス教会で学生結婚をしましたので、家内と二人でアルバイトに励みました。この時、松木先生、稲尾先生も一緒でした。こうして私たちは、アメリカで自立心、独立心が養われました。ロサンゼルス教会では、家庭集会、祈祷会などで御用をさせていただきました。アズベリーでは、週末ダイヤ先生の教会、その他アメリカの様々な教会で証しをさせていただき、よい霊的実践的訓練を受けることができました。ダイヤ先生のほかにアモス先生、シュルツ先生、デュプリー先生方と共に机を並べてアズベリーで学ぶことができましたことは幸いでした。その他アズベリーには世界各国から留学生が集まっており、国際的な交わりを持つことができましたことは幸いでした。

聖書学院では、伝道奉仕で忙しくきちんと勉強ができませんでしたので、伝道者として立つための知的、学問的訓練を、三年間クラスで優れた先生方にお教えいただいたことは幸いでした。チャペルでは、スタンレー・ジョーンズ博士(E. Stanley Jones, 1884～1973)をはじめとしてアメリカ、その他の国々で用いられている優れた器をお招きして優れた説教を聞くことができたことは幸いでした。もう一つアズベリーで300人ほどの神学生たちで卓球大会をした時に、私が優勝してチャンピオンになったことが忘れられません。卒業の時、さらに他の神学校で博士課程に進学することを考えましたが、子ども

ができたこともあり、日本で伝道経験を持つことが私たちにとっては一番大切なことと信じて、まず家内を日本に帰し、私は卒業後ロサンゼルスでひと夏ガーディナーを信徒の方の家庭にお世話になりながらやり、旅費ができてから一九六三年の秋に日本に帰ってきました。

三、聖書学院助教授、教授時代（一九六三〜二〇〇五）

私は最善の時に日本に帰ることができたと今でも思っています。ちょうど聖書学院は、新宿の柏木から東村山に移転したばかりのときに私たちは帰国しました。若い先生方は誰も帰国しておらず、教師住宅には老先生ばかりが住んでおられました。私の任命は、学院助教授の任命でした。若い先生が誰もおりませんでしたので、家内は英語を教えるように言われ、私はギリシア語、ヘブル語、上級英語、旧約聖書概論、モーセ五書、聖書解釈論、キリスト教倫理、教会論など、週一二時間ほど教えるように言われ教えさせていただきました。

校舎、教師住宅、宣教師住宅は新しく立派になりましたが、図書室は貧弱でした。私は図書室に入り、余りの貧しさのために床にひざまずいて涙を流して祈りました。そして自分から申し出て図書主任にならせていただき、図書便りなどを出してどんどん私たちの立場に立った注解書、神学書、その地ありとあらゆる本を入れました。他の神学校の図書館を見学し、東京神学大学の司書の方から今から始められるんだったらユニオン方式で始められるとよいですよというアドバイスを受けて、アメリカの

ユニオン神学校（Union Theological Seminary）に手紙を書いて、ユニオン方式の書類を送っていただきました。そして学校の図書は幸いなことにユニオン方式という新しい分類法を取り入れることができました。新しく入ってくる本を片端から読むことができたことも幸いでした。

まもなく小林先生、松木先生、稲尾先生がアメリカ留学からお帰りになり、教師陣の中に入られました。そして藤巻先生、千代崎先生が教授会に入られ、五教授時代になりました。どういうわけか私だけがどこの教会にも任命されず苦しみました。まず、経済的に苦しいところを通りました。留学する前は、私の月収は二万四千円でしたが、留学から帰ってきましたら、七千円になっていました。子どもも二人を抱え、どうして生きていったらいいのやら、途方にくれました。二年程どこの教会にも任命されませんでしたので、亀有教会の高木先生にお願いして府中開拓を始めました。府中で一年間はそろばん塾の二階を借りての開拓でした。自動車もなく二人の子どもを連れてバスで府中まで通いました。本部からの援助もなく、ルート先生という府中の基地にあったアメリカンスクールの小学校の先生の十分の一献金とわずかの信徒の方々の献金で通勤開拓伝道という苦しいスタートでしたが、これが私の開拓伝道、人材養成、世界宣教のビジョンに火をつけました。これがきっかけとなり、今まで計七つの開拓伝道と会堂建設に関わることができました。若い時、苦しむことほどよいことはありません。楽な道は地獄への道、苦しい道は天国への道です。府中開拓二年目に新しい会堂が与えられ、

七年目に柚木開拓を始めることができました。

この期間に献身者が府中から小枝 功先生、水間照弥先生、小野寺先生ご夫妻、柴崎兄弟がでました。もう一人の献身者は、私がアメリカから帰って一年間牧師としてお世話になりました雑司ヶ谷教会から献身された栗原義忠先生がおられます。経済的課題は、教師住宅にプレハブを二つ建て、一つを英語教室にし、もう一つを家内の母の住居にし、四国から家内の母を呼び寄せ、立川で働いてもらうことで解決いたしました。経済的に一番苦しい時にある宣教師とアメリカの祈りの友の献金によって助けられました。

学院の住宅に私たちは一四年住み込んで、老先生方のご協力により私は自由自在に伸び伸びと様々な奉仕をさせていただいたことはなんと幸いなことであったでしょうか。老先生方は伝道者として最も円熟した時期に私は親しい交わりとご指導いただきました。五人の老先生方は、それぞれとても個性的であられました。それぞれの先生方が賜物を発揮されて、聖書信仰、ホーリネス信仰において一致しておられました。若い世代の私たちも同じです。小林、藤巻、千代崎、松木、齋藤の五教授は、個性的でありながら、聖書信仰、ホーリネス信仰において一致しています。藤巻先生の相補性の論理によりますとお互いに対立し合いながら、補い合う方が驚くほどの力が発揮されるとのことですが、その通りだと思います。中田先生、笹尾先生、カウマン先生、キルボルン先生、それぞれ強烈な個性の持ち主でしたが、聖書信仰、ホーリネス信仰、熱心な伝道において一致していました。この伝統こそ、

中田先生以来のホーリネスのかけがえのない伝統です。この特性だけは次の世代の教授の方々に間違いなく受け継いでいただきたいのです。こういう姿こそ、共同体である教会のあるべき姿であると私は信じています。そこに今後の学院の成長、発展の道があるのではないでしょうか。

もうひとつ私が心から感謝していることは、たまたま私たちが野辺地天馬《のべちてんま》先生（本名・三右衛門、一八八五〜一九六五年）の隣に住むことができたことです。先生は名前のごとく天馬のようにひょうひょうとして児童伝道、文書伝道の分野で大きな働きをされました。老五教授の中でも先生は一番異質的であられました。先生は青山出身であられ、渡辺善太《わたなべぜんだ》先生（写真、一八八五〜一九七八年）の義理のお兄様であられました。私はアメリカ留学中に渡辺先生の聖書論三部作である聖書正典論、聖書解釈論、

聖書神学論（ヨベルから著作選として刊行される予定）を読み、ほとほと感心いたしました。この分野では、今の世界で渡辺先生の右に出る者はないのではないかと思って、私はアメリカから帰ってきました。帰国したら渡辺先生のところを訪ねたいと私は願っていました。小林先生が私より二年遅れてアメリカからお帰りになられ、教師の住宅に住まわれましたので先生と話し合って、二人で渡辺先生の新宿のご自宅にお伺いし、毎月一回私たちのために勉強会を三年ばかり

ご指導くださいました。渡辺先生はご承知のようにホーリネスで救われ、聖書学院出身者です。私は先生の本と人格の中に真の聖書神学とホーリネス信仰を見させていただきました。学問の世界における私の最大の恩師は渡辺善太博士であります。先生は言われました。「私の本は、ホーリネスの人たちに一番よく理解してもらえる」と。出会いが私たちの人生を決定しますが、シェルホン先生、キルボルン先生、車田先生、アダムス先生、そして野辺地先生、渡辺善太先生との出会いが私の人生を決定し、ある意味では聖書学院の方向を決定いたしました。先生は絶えず私たちに聖書信仰、ホーリネス信仰、神学はそれでよいのかとチャレンジしてくださる方です。

学院の住宅に一四年住まわせていただき、四人の男の子たちが大きくなり、また私自身が牧師館に住み込んで伝道牧会した経験がないのでは、伝道者を養成するよりよい教師にはなれないと確信し、多摩ニュータウンの柚木に一一〇坪の土地にわずかの信者さんの献金と献身により、また府中教会の信徒の方々のご協力により、会堂建築が終わった時点で、これを府中教会から献身した小枝先生ご夫妻の手に託し、私は四〇歳にして、家族を日本に残してアメリカの西海岸にあるパサデナのフラー神学校（Fuller Theological Seminary）に一年間再留学いたしました。わずか一年の留学の間に私はカルフォルニア大学、スタンフォード大学、ウェスタン福音神学校、バプテスト、ルーテル神学大学院を見学しました。この経験が、後で聖書学院増改築の事務局長をするように言われました時に非常に役に

立ちました。

四、厚木教会時代（一九七六〜二〇〇五）

わずか一年間でしたが、フラー神学校で多くの優れた先生方に出会い、日本に帰り、雑司ヶ谷教会で一年間奉仕させていただいてから厚木伝道所に任命を受け、それから二九年経ちました。私の人格と教会の集合人格的形成は厚木教会を場として成されました。フラー神学校で学んだ教会形成論では、開拓的厚木教会ではうまくいきませんでした。厚木に任命を受けてわずか一年の間に、神の時がきていたのでしょう。新会堂が建ち、英語教室の生徒募集をしたらなんと100名以上の申込者がありました。しかしちょうど私の長男が高校受験期とぶつかり、私たちは伝道と英語教室の仕事で余りに忙しく十分な時間を子どもたちのために時間をさくことができませんでした。子どもの教育の問題と牧会伝道の問題で、私たちの信仰は大きく試されました。そして片道、自動車で約二時間かかる東村山まで二八年間通い続け、学院の奉仕を続けたことは、私の健康に大きな負担となりました。こうしたことを通して、私の人格と教会の集合人格の中心にキリストの形成が着実に少しずつ様々な厳しい試みと失敗を通して形作られていきました。

この時代に聖書学院の増改築の事務局長として松村先生、小林先生、松木先生、村上先生、錦織先生、ダイヤ先生、漆間兄弟と共に労させていただいたことを忘れることはできません。この建築がきっか

けでＡＧＳＴ（アジア神学大学院、Asia Graduate School of Theology）に加盟し、またＴＭＲＩ（東京ミッション研究所、Tokyo Mission Research Institute）がスタートいたしました。もう一つどうしても落とすことができない出会いは、リー博士との出会いです。増改築の直後、金本 悟先生の紹介でリー博士に出会い、ＡＧＳＴの牧会博士課程に入り、先生の教えを得、牧会博士の学位を得たことです。一五年間、先生からご指導を受け、文化脈化の新しい世界を開いていただきましたことを心から感謝いたしました。

五、結論

私の人格形成と教会形成についての結論を申し上げますと、人格形成については「私はキリストにおいて真の私が創り出される」ということになります。偽りの私はキリストという場にあって真実の私に創り変えられることができるのです。教会形成については、教会はキリストにあって真の教会が創り出されるということになります。そしてこの二つの命題は並行して進められますので、人格形成と教会形成は同時進行ということになります。私たちの人格の内にキリストが形創《つく》られてまいりますと教会の内に集合人格的なキリストが形創られていくのです。そうなりますと最後に問われることは形創られるキリストをどう理解するかです。キリストとは神にして人、人にして神、無限にして有限、天的お方にして地的お方、時間的（歴史的）にして永遠的なお方であり、王にして僕であられます。

すなわち、キリストとは、絶対に矛盾するお方でありながら統一されているお方です。どこにおいて両者が統一され、統合されているのでしょうか。十字架にかかられ、死からよみがえられたキリストの体において二つの矛盾が統一されているのです。十字架と復活のキリストを信じ、キリストの体につながれて、初めて統一された私たちになれるのです。教会についても同じことがいえます。

このことをパウロはガラテヤ人への手紙二章19～20節において次のようにいっています。「わたしはキリストと共に十字架につけられた。生きているのは、もはや、わたしではない。キリストが、わたしのうちに生きておられるのである。」「無即有、有即無、空即色、色即空、否定即肯定、肯定即否定」。この真理は仏教、とりわけ禅仏教の真理と通じてくるのであります。またこれは世界に誇る日本の哲学者西田幾多郎（写真上、一八七〇～一九四五年）の絶対矛盾的自己同一という哲学とも共通する真理なのであります。上より下へという啓示を強調するカール・バルト（写真下、Karl Barth, 1886～1968）の神論的キリスト論的キリスト教に対して下から上へという東洋的な聖霊論的なキリスト教の統合という問題がこれからの日本のそして世界のキリスト教の最大の問題となってくるのであります。東京ミッション研究所は、今後

この問題に本腰を入れて取り組んでまいります。皆様の心からなるお祈りをお願いいたします。もう一つの日本の教会の大きな課題はどれだけ日本の教会がキリストの僕の道に徹することができるかです。ピラミッド型の教会ではなくて逆ピラミッドの教会、すなわち牧師支配の教会ではなく、牧師がキリストの僕となって神とキリストに仕え、信徒、求道者、障害者、いと小さき者に仕える僕となりきることができるかが、教会がこの世で僕となってどれだけ仕えることができるか、これが大きな私たちの課題です。

長い間、ご静聴いただきありがとうございました。私の本当の人格形成と教会形成の戦いはこれからです。私の引退と共に、私の本当の戦いが始まります。ただ一つ確かにいえることは、生ける三位一体の神が、私のぼろぼろな心と体の中に生きて働いておられ、東京聖書学院と日本と世界と宇宙の今後の形成のために、大いなるみ業を成しつつあるということであります。

今後とも、小さい者のためお祈りお支えいただけますならば感謝です。

(二〇〇〇年・一二月、東京聖書学院名誉教授・厚木キリスト教会牧師・東京ミッション研究所副所長)

新書判へのあとがき

このたびヨベルの社長安田正人氏のご好意と熱意により『クリスチャン生活の土台』の第四版が私の東京聖書学院教授の引退講演つきで出版される運びとなりましたことを心から感謝します。何人かの方から『クリスチャン生活の土台』の第四版を出版していただきたいという要望があり、今回はヨベルにその出版を何年か前にお願いいたしました。

その間に私は三三年の間牧会伝道をいたしました厚木キリスト教会牧師を定年（75歳）で引退し、同じ厚木にある長谷に一軒の小さな家を購入し、昨年（二〇一〇年）の四月に「長谷聖書集会」を始めさせていただきました。私のこの開拓伝道に初めから協力してくださる方は、三人おられました。その三人の方々と協力してヨハネによる福音書からのメッセージつきの週報を毎週75部発行してまいりました。一年六か月、文書伝道を中心に礼拝を守り、祈祷会をさせていただいております。現在礼拝は五、六人、祈祷会は六、七人となっています。私は現在まで三回の脳梗塞、そしてその背後にある糖尿病を四〇年余り患い右眼失明、左眼小さい出血を含めて八回の眼底出血を経験いたしました。それでも感謝なことに読書もでき、リハビリにより、歩くこともでき、マヒの残る右手で原稿を書くこと

ができます。あと何年生きることができるかわかりませんが、生きている限り礼拝説教、夕拝のご用、祈り会のご用を続け、できれば今のチャペルが詰めて十三人ぐらいしか入りませんので、別に六、七十人の入る会堂を建設し、二人か三人の献身者を生み出したいと願っています。

『クリスチャン生活の土台』という説教集は、かつて私が40歳の時に、アメリカのパサディナにあるフラー神学校に二回目の留学をしたときに、北米ホーリネス教団の伝道所、オレンジカウティでの小さな群れでの日曜ごとの説教を一年間頼まれました。その時にこの小さな群れを将来大きな群れにするためには、信仰生活の土台をきちっと築きあげる必要があると思い、「クリスチャン生活の土台」と題して連続メッセージをいたしました。その後にこの連続メッセージを聞いてくださった方々に大変感謝されましたので、日本に帰って厚木伝道所の小さな群れへ（礼拝10名足らず）同じ説教をさせていただきました。信徒の方がこの連続メッセージをテープから起こし、文章化してくださいましたので、厚木教会の出版部からこの小さな本を出版いたしました。この小さな本が初版、再版、三版とよく売れました。そしてどうしても四版を出したいと思っていましたとき（二〇〇七年）に、ヨベルの安田社長を知りました。

ヨベルで最近出版いたしました拙著『無限の価値と可能性に生きる』を実に美しく、そして四七八頁もの分厚い本にしてくださって、この本もよく売れました。今度の本についてもよく考えてくださり、いろいろアドバイスしていただきました。私の引退講演をこの小さな本の付録としてだき合わせ

るというアイデアは私には思い浮かびませんでした。校正のため通して読みましたところ、この付録が『クリスチャン生活の土台』の足りないところを補い、強化していることに気がつきました。ただ両者の関係について少し書く必要があるように感じましたので、そのことを最後に書きます。

引退講演の中で私は長い間学院で教え（63年）、開拓をし（合計七回）、牧会伝道を三三年間させていただいた結果、深く考えさせられたことは、伝道し、教育する者の人格形成と教会形成の間には深い関係があるということでした。伝道する者の人格が日々キリストのみ形に近づくような人格的成長がなければ、教会の健全な成長はあり得ないということを牧会伝道、神学教育、家庭形成の経験を通して、数多くの痛い失敗を通して知らされました。そこで私はよく祈りに追い込まれ、悔い改めさせられ、自分の修養、学び、鍛錬の足りなさを覚え、多くのすぐれた本を読み、神に用いられているすぐれた人々と交わり、ご指導いただきました。まだまだ足りないところばかりですが、生きている限り自分の人格をいろいろなことを通して主とその御言葉、人々との交わり、痛い失敗を通してみがき続けていきたいと思っています。

本書を長谷集会に属する方々、特に私の忠実な家内にして戦友に捧げます。また初版発行の際にテープ起こしの奉仕をしてくださった神田義久兄、市津敏子姉に対して改めて感謝いたします。新版の編集に携わっていただいたヨベルの社長と社員の方々の労にも心から感謝します。

二〇一一年九月二九日　長谷にて

齋藤孝志

本書は『クリスチャン生活の土台』として、一九七八年、ＣＬＣ暮らしの光社・新生運動より刊行されたものです。今回の刊行は、新たな稿を加えて再編集したものです。

齋藤孝志（さいとう・たかし）
1935年福島県生。
青山学院大学、東京聖書学院、アズベリー神学校、フラー神学校、
アジア神学大学院。牧会学博士。
現在、日本ホーリネス教団 長谷聖書集会牧師、
東京聖書学院名誉教授、厚木キリスト教会名誉牧師
東京ミッション研究所副理事長。
主な著書：『無限の価値と可能性に生きる　使徒言行録全説教』（2010）
『クリスチャン生活の土台』（1978）、『平和の神』（2002）、
『まことの礼拝―レビ記からのメッセージ―』（1981）、他

YOBEL新書 006

［決定版］クリスチャン生活の土台

東京聖書学院教授引退講演「人格の形成と教会の形成」つき

2011年11月1日初版発行

著　者――齋藤孝志

発行者――長谷聖書集会

発行所――株式会社ヨベル　YOBEL, Inc.

〒113-0033 東京都文京区本郷4-1-1　菊花ビル5F
TEL03-3818-4851　FAX03-3818-4858
e-mail : info@yobel. co. jp

DTP・印刷――株式会社ヨベル

配給元―日本キリスト教書販売株式会社（**日キ販**）
〒162-0814　東京都新宿区新小川町9-1
振替 00130-3-60976　Tel 03-3260-5670

ISBN978-4-946565-33-5 C0016

第一期

渡辺善太著作選

全 12 冊内容（2011 年秋 刊行開始）
新書判・予 220 頁〜予 320 頁
定価 1,500 円〜定価 1,800 円

1　偽善者を出す処　―― 偽善者は教会の必然的現象 ――
312 頁　ISBN978-4-946565-75-5 C0016　〈第 1 回配本〉

2　現実教会の福音的認識、他　〈第 4 回配本〉
予 220 頁　ISBN978-4-946565-76-2 C0016

3　聖書論 ―― 聖書正典論　1/3
予 260 頁　ISBN978-4-946565-77-9 C0016　〈第 2 回配本〉

4　聖書論 ―― 聖書正典論　2/3　〈第 3 回配本〉
予 220 頁　ISBN978-4-946565-78-6 C0016

5　聖書論 ―― 聖書解釈論　1/3　〈第 5 回配本〉
予 240 頁　ISBN978-4-946565-79-3 C0016

6　聖書論 ―― 聖書解釈論　2/3　〈第 6 回配本〉
予 240 頁　ISBN978-4-946565-80-9 C0016

7　聖書論 ―― 聖書解釈論　3/3　〈第 7 回配本〉
予 240 頁　ISBN978-4-946565-81-6 C0016

8　聖書論 ―― 聖書神学論　1/2　〈第 8 回配本〉
予 220 頁　ISBN978-4-946565-82-3 C0016

9　聖書論 ―― 聖書神学論　2/2　〈第 9 回配本〉
予 220 頁　ISBN978-4-946565-83-0 C0016

10　聖書論 ―― 聖書学体系論　一試論、他
予 220 頁　ISBN978-4-946565-84-7 C0016

11　聖書的説教とは？（予定）
予 360 頁　ISBN978-4-946565-85-4 C0016

12　回心とその前後（予定）
予 220 頁　ISBN978-4-946565-86-1 C0016